CAMPAGNE ET BATAILLE

DE

WATERLOO

Paris. Imprimerie Proux et Ce, rue Neuve-des-Bons-Enfans, 3.

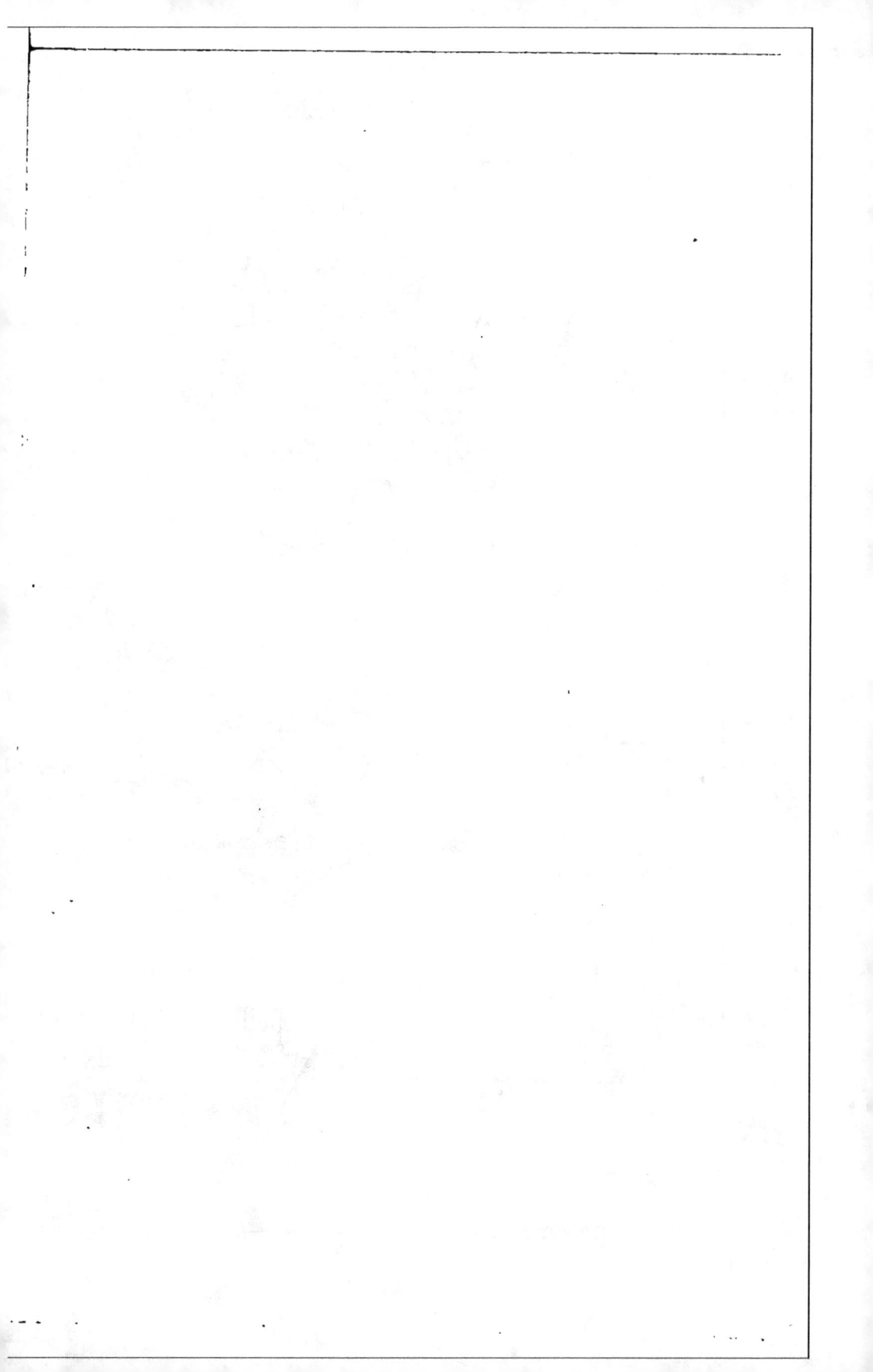

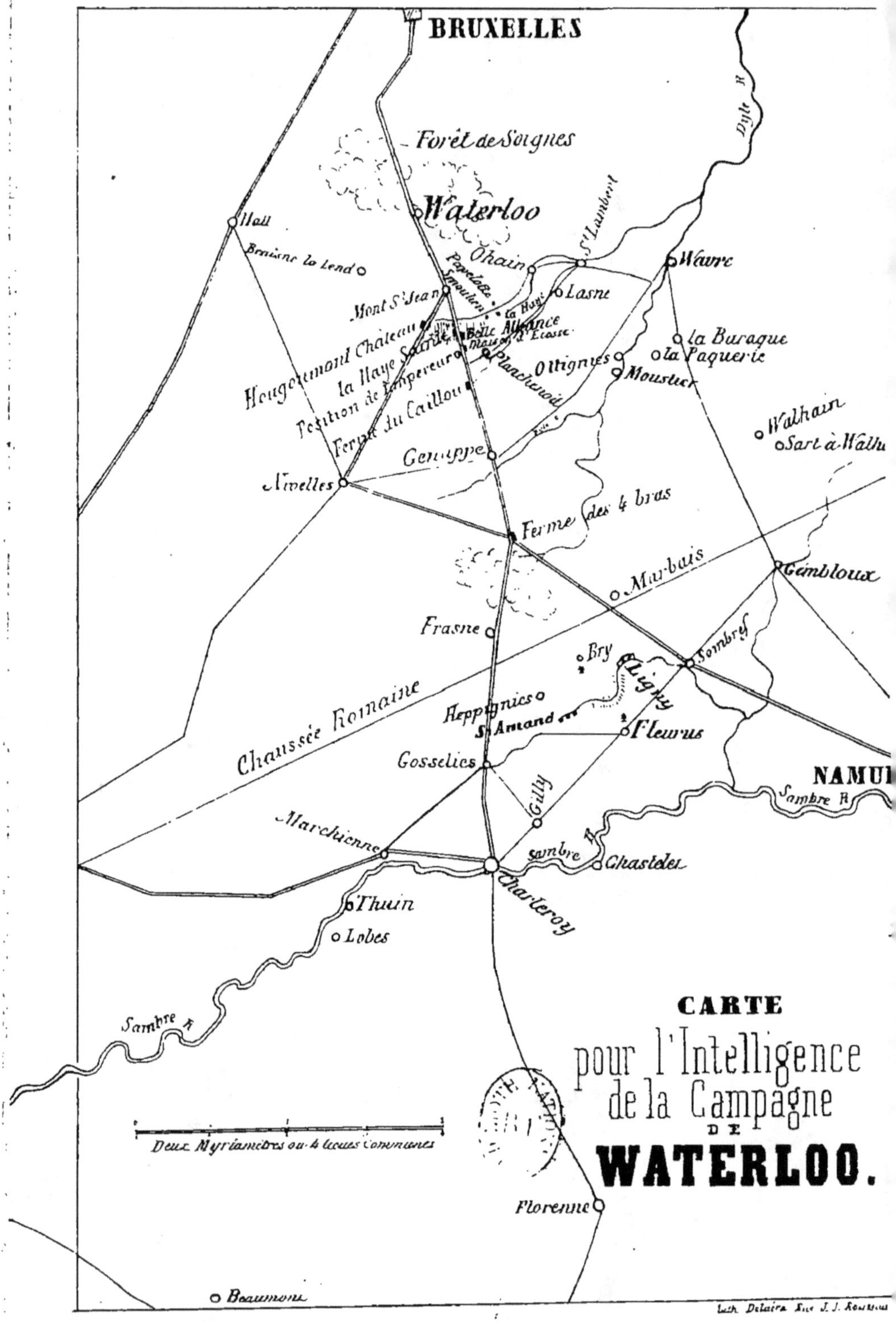

BRUXELLES
Forêt de Soignes
Waterloo
Hall
Braine la Leud
Ohain
St Lambert
Wavre
Dyle R
Mont St Jean
Lasne
Hougoumont Château
la Haye Sainte
Belle Alliance
Maison d'Ecosse
Position de l'Empereur
Planchenoit
Ottignies
la Baraque
la Paquerie
Mousty
Ferme du Caillou
Genappe
Nivelles
Walhain
Sart à Walhain
Ferme des 4 bras
Marbais
Gembloux
Frasne
Bry
Ligny
Sombref
Chaussée Romaine
Heppignies
St Amand
Fleurus
Gosselies
NAMUR
Sambre R
Gilly
Marchienne
Sambre R
Chatelet
Charleroy
Thuin
Lobes
Sambre R
Deux Myriamètres ou 4 lieues communes
Florenne
Beaumont
Lith. Delaire Succ J. J. Rousseau

CARTE
pour l'Intelligence de la Campagne DE WATERLOO.

CAMPAGNE ET BATAILLE

DE

WATERLOO

D'APRÈS DE NOUVEAUX RENSEIGNEMENS
ET DES DOCUMENS COMPLÈTEMENT INÉDITS

PAR

ACHILLE DE VAULABELLE

Une carte et quatre gravures

> Concours de fatalités inouies ! Journée incompréhensible ! Y a-t-il eu trahison n'y a-t-il eu que du malheur ? Et pourtant tout ce qui tenait à l'habileté avait été accompli ! singulière campagne où j'ai vu trois fois s'échapper de mes mains le triomphe assuré de la France !
>
> NAPOLÉON.

PARIS

PERROTIN, ÉDITEUR-LIBRAIRE

RUE FONTAINE-MOLIÈRE, 41

1845

La bataille de Waterloo est le fait militaire le plus considérable de notre temps, et cependant il existe peu d'événemens dont les détails essentiels soient plus ignorés du public. La vérité, obscurcie par l'intérêt personnel ou par les passions, n'a pas encore été dite sur les principaux épisodes de cette campagne de quatre jours où succomba la fortune de la France, où fut décidé le sort du monde.

On le verra : si, dans cette fatale journée, l'étranger humilia nos armes, il n'a pas le droit de s'enorgueillir de son triomphe ; la France, à plus juste titre, peut se montrer fière d'une pareille défaite. Jamais armée française, jamais soldats ne méritèrent mieux du pays. Malgré ses résultats, Waterloo, combat suprême, est un de ces efforts héroïques qui honorent un grand peuple, et dont chaque citoyen, jusqu'au jour de la réparation, doit garder la pieuse et fidèle mémoire.

Nous ne dirons que peu de mots de ce livre : il contient l'histoire de la campagne de 1815, et en est le récit le plus lucide, le plus dramatique et le plus complet qui ait encore été publié ; il explique des incidens dont l'Empereur lui-même, à Sainte-Hélène, cherchait encore à se rendre compte. La manière simple de l'écrivain répond à la grandeur et à la majesté terrible du sujet : l'auteur ne discute pas, il raconte ; et dans la succession de tableaux vivans, pathétiques qu'il fait passer sous les yeux du lecteur, il s'élève sans effort jusqu'aux effets qui sont le privilége des plus grands peintres.

Chaque fait est appuyé de preuves : toutes les sources où l'auteur a puisé, sources officielles ou privées, nationales ou étrangères, sont religieusement indiquées ; bon nombre de documens sont rendus publics pour la première fois.

L'ÉDITEUR.

CAMPAGNE ET BATAILLE

DE

WATERLOO.

SOMMAIRE. — 14 *juin* 1815 : Concentration de l'armée entre Maubeuge et Philippeville; sa force et sa composition. Proclamation. Esprit des troupes; les généraux et les soldats. Position des deux armées anglo-hollandaise et prussienne. Plan de l'empereur.— *Journée du* 15 : L'armée franchit la frontière. Désertion du général Bourmont et de cinq officiers. L'empereur entre à Charleroi. Arrivée du maréchal Ney. Combat de Gilly. — *Journée du* 16 : L'empereur marche sur Bruxelles. Lettre et ordres au maréchal Ney. Napoléon est arrêté au delà de Fleurus par l'armée prussienne. Nouvelles dispositions. Bataille de Ligny contre les Prussiens. Affaire des Quatre-Bras contre les Anglais. Double mouvement du 1er corps (Drouet d'Erlon). Incidens. — *Journée du* 17 : L'empereur marche contre les Anglais; il s'arrête en avant de Mont-Saint-Jean. Le maréchal Grouchy est détaché à la poursuite des Prussiens; il s'arrête à Gembloux. — *Journée du* 18 : Premières dispositions. Ordres envoyés au maréchal Grouchy. Apparition d'une colonne prussienne à la droite de l'armée; nouvelles dispositions. Attaque d'Hougoumont. Grande attaque sur le centre des Anglais; panique dans leurs réserves. Intervention d'une première armée prussienne (Bulow) sur les derrières de l'armée, à Planchenoit. Nouvelle attaque sur le centre des Anglais. Prise de la Haie-Sainte et d'une partie du plateau de Mont-Saint-Jean. Seconde panique dans l'armée anglaise. Charge de 7,000 cavaliers sur le plateau. Les Prussiens sont battus à Planchenoit; ils se retirent. La garde impériale se porte contre les Anglais. — Le maréchal Grouchy et son corps d'armée; sa marche sur Wavres; incidens. — Intervention d'une deuxième armée prussienne (Blücher) sur le champ de bataille de l'empereur. Désordre ; défaite (1).

L'empereur était parti le 12 juin de Paris, à trois heures et demie du matin ; il visita dans la journée les fortifications de Soissons et vint coucher le soir à Laon, dont il inspecta également les ouvrages. Le 13, il arriva à Avesnes. Toutes les troupes destinées à faire la campagne achevaient alors de se concentrer en avant de cette dernière place, sur la partie de l'extrême frontière comprise entre Maubeuge et Philippeville. L'armée se composait des 1er, 2e, 3e, 4e et 6e corps, commandés par les généraux Drouet-d'Erlon, Reille, Vandamme, Gérard et comte de Lobau. Elle comprenait, en outre, les troupes de la garde impériale, ainsi qu'une nombreuse réserve de cavalerie placée sous le commandement en chef du maréchal Grouchy, et composée d'un corps de hussards et de chasseurs sous les ordres du général Pajol, d'un corps de dragons sous les ordres du général Excelmans, et de deux corps de cuirassiers sous les ordres des

(1) Cette relation, ainsi que nous aurons à le dire à la fin du volume, est empruntée à l'ouvrage intitulé : CHUTE DE L'EMPIRE, HISTOIRE DES DEUX RESTAURATIONS JUSQU'A LA CHUTE DE CHARLES X EN 1830, par *Achille de Vaulabelle*, que publie le même éditeur.

généraux Kellermann et Milhaut. Le 13 au soir, la garde, qui était partie de Paris le 5 juin, se trouvait réunie autour d'Avesnes ; le 4e corps, parti de Metz le 6, était également arrivé à Philippeville ; les 1er et 2e corps partis, à quelques jours de là, des environs de Lille et de Valenciennes, prenaient position entre Avesnes et Maubeuge ; enfin, le 6e, parti de Laon, arrivait également sous la première de ces deux villes. Tous ces mouvemens ordonnés secrètement et exécutés sans bruit, avaient été masqués par des détachemens de garnisons des places fortes et par des bataillons d'élite de gardes nationales. Le 14, au matin, la concentration de toutes ces forces était terminée, et l'armée campait sur les trois directions de Philippeville, Beaumont et Maubeuge. Les camps étaient établis derrière des monticules et des bois, à une lieue de la frontière, de manière à ce que leurs feux ne fussent pas aperçus de l'ennemi qui, effectivement, n'en eut aucune connaissance. Le quartier-général fut placé au centre, à Beaumont. Le soir, les appels constatèrent que le nombre des soldats présens sous les armes était de *cent quinze mille cinq cents hommes.* L'artillerie se composait de trois cent cinquante bouches à feu. Voici la composition de cette armée :

1er Corps.—Comte d'Erlon. — 4 divisions d'infanterie : 1re division, général *Alix*, 4,120 hommes; 2e, général *Donzelot*, 4,100 h. ; 3e, général *Marcognet*, 4,000 h.; 4e, général *Durutte*, 4,000 h. total.............................. 16,220 h.

1re Division de cavalerie, général *Jacquinot*........................ 1,500

Artillerie, 46 pièces ; artilleurs... 920

Total du corps......... 18,640 h.

2e Corps.—Comte Reille.—4 divisions d'infanterie : 5e division, général *Bachelu*, 5,000 hommes ; 6e, Prince *Jérôme* (conduite par le général *Guilleminot*), 6,100 h. ; 7e, général *Girard*, 5,000 h.; 9e, général *Foy*, 5,000 h., total. 21,100 h.

2e division de cavalerie, général *Piré*.............. 1,500

Artillerie : 46 pièces ; artilleurs... 930

Total du corps...... 23,530 h.

3e Corps. — Comte Vandamme. — 3 divisions d'infanterie : 8e division, général *Lefol*, 4,300 h. ; 10e, général *Hubert*, 4,430 h. ; 11e, général *Berthezène*, 4,300 hommes ; total......... 13,030 h.

3e division de cavalerie, général *Domont*........................... 1,500

Artillerie : 38 pièces ; artilleurs... 760

Total du corps...... 15,290 h.

4e Corps. —Comte Gérard.— 3 divisions d'infanterie : 12e division, général *Pécheux*, 4,000 h.; 13e, général *Vichery*, 4,000 h. ; 14e, général *Bourmont*, ensuite le général *Hulot*, 4,000 h.; total........................... 12,000 h.

6e division de cavalerie, général *Maurin*.......................... 1,500

Artillerie : 38 pièces; artilleurs.... 760

Total du corps...... 14,260 h.

6e Corps. — Comte de Lobau. — 3 divisions d'infanterie : 19e division, général *Simmer*, 3,500 h.; 20e, général *Jeannin*, 3,500 h.; 21e, général *Teste*, 4,000 h.; total.............. 11,000 h.

Artillerie: 38 pièces ; artilleurs... 770 h.

Total du corps...... 11,770 h.

Garde impériale. — Infanterie. — Jeune garde, général *Duhesme*, 3,800 h.; chasseurs ou moyenne garde, général *Morand*, 4,250 h.; grenadiers, général *Friant*, 4,420 h.; total de l'infant. 12,420 h.

Division de cavalerie légère, général *Lefebvre-Desnouettes*, 2,120 hommes; division de grosse cavalerie, général *Guyot*, 2,010 h.; total de la cavalerie.. 4,130

Artillerie, général *Devaux*; 96 pièces; artilleurs 1,920

Total de la garde... 18,520

Réserve de cavalerie, maréchal Grouchy :

1er Corps. — Comte Pajol. — 4e division, général *Soult* (frère du major-général) 1,280 h. ; 5e division, général *Subervie*, 1,240 h.; ensemble......... 2,520 h.

2e Corps. — Comte Excelmans. — 9e division, général *Strolz*, 1,500 h.; 10e, général *Chastel*, 1,300 h.; ensemble. 2,600

3e Corps. — Comte Kellermann. —

11e division, général *Lhéritier*, 1,310 h.; 12e, général *Roussel*, 1,300 h.; ensemble. 2,610

4e CORPS. — Comte MILHAUT. — 13e division, général *Wathier*, 1,300 h.; 14e, général *Delort*, 1,300 h.; ensemble.... 2,600

Artillerie : 48 pièces; artilleurs..... 960

Total de la réserve de cavalerie. 11,290 h.

Récapitulation.

	Infanterie.	Caval.	Artill.	Canons.
1er Corps...	16,220 h.	1,500 h.	920 h.	46
2e —	21,030	1,500	930	46
3e —	13,030	1,500	760	38
4e —	12,000	1,500	760	38
6e —	11,000	»	770	38
Garde impér.	12,470	4,130	1,920	96
Rés. de cav.	»	10,330	960	48
Total des canons.....................				350

de l'inf., 85,820		
de la cav....... 20,460	}	113,300 h.
des artilleurs............ 7,020		
Equipages de pont, sapeurs, etc..		2,200
Total général.......		115,500 h.

Des écrivains étrangers, dans le but de rehausser la valeur de leurs compatriotes et la gloire de leurs généraux, ont avancé que les troupes dont nous venons de dire l'organisation, se composaient des vieilles bandes de l'Empire. Tout le monde sait qu'après les désastres de Russie, la grande armée impériale, celle qui gagna en 1813 les batailles de Lutzen, de Bautzen et de Dresde, était formée en presque totalité de conscrits. Les conscrits étaient également fort nombreux, on l'a vu, parmi les troupes qui firent l'héroïque campagne de 1814 (1). L'armée qui allait combattre ne renfermait pas un nombre moins considérable d'hommes n'ayant jamais vu le feu ; ces hommes entraient dans sa composition pour environ moitié ; le reste n'avait guère fait son apprentissage qu'en 1813 et en 1814. La garde elle-même, sur les dix-huit mille cinq cents hommes qui la composaient, comptait quatre ou cinq mille conscrits ; là seulement se trouvaient un certain nombre de vieux soldats ; encore le chiffre de ces vétérans était-il moins élevé qu'on ne pourrait le croire. Nous ne donnons pas ce détail pour grandir les efforts que nous avons à raconter ; c'est un fait que nous constatons. Quand une nation que la coalition de tous les peuples a seule vaincue, attend, comme la France, le jour où elle se relèvera enfin de sa défaite, il est des exemples dont ses jeunes générations doivent garder la pieuse et fidèle mémoire.

(1) V. la note page 8.

L'empereur, le matin du 14, avait fait mettre à l'ordre du jour de l'armée la proclamation suivante :

« Avesnes, le 14 juin 1815.

» Soldats ! c'est aujourd'hui l'anniversaire de Marengo et de Friedland, qui décida deux fois du destin de l'Europe. Alors, comme après Austerlitz, comme après Wagram, nous fûmes trop généreux ! Nous crûmes aux protestations et aux sermens des princes que nous laissâmes sur le trône ! Aujourd'hui, cependant, coalisés entre eux, ils en veulent à l'indépendance et aux droits les plus sacrés de la France. Ils ont commencé la plus injuste des agressions. Marchons donc à leur rencontre ! Eux et nous, ne sommes-nous plus les mêmes hommes ?

» Soldats ! à Iéna contre ces mêmes Prussiens, aujourd'hui si arrogans, vous étiez un contre trois, à Montmirail un contre six.

» Que ceux d'entre vous qui ont été prisonniers des Anglais vous fassent le récit de leurs pontons et des maux affreux qu'ils ont soufferts !

» Les Saxons, les Belges, les Hanovriens, les soldats de la confédération du Rhin gémissent d'être obligés de prêter leurs bras à la cause de princes ennemis de la justice et des droits de tous les peuples ; ils savent que cette coalition est insatiable ! après avoir dévoré douze millions de Polonais, douze millions d'Italiens, un million de Saxons, six millions de Belges, elle devra dévorer les Etats de deuxième ordre de l'Allemagne.

» Les insensés ! un moment de prospérité les aveugle. L'oppression et l'humiliation du peuple français sont hors de leur pouvoir. S'ils entrent en France, ils y trouveront leur tombeau.

» Soldats ! nous avons des marches forcées à faire, des batailles à livrer, des périls à courir ; mais avec de la constance, la victoire sera à nous ; les droits, l'honneur et le bonheur de la patrie seront reconquis !

» Pour tout Français qui a du cœur le moment est arrivé de vaincre ou de périr !

» NAPOLÉON. »

Vaincre ou périr ! disait l'empereur à son armée. Ce langage fut entendu des soldats ; tous avaient dans le cœur les sentimens exprimés par leur chef ; tous, impatiens de batailles, brûlaient d'en venir aux mains. Sauver l'indépendance nationale n'était pas, toutefois, l'unique tâche que cette armée entendait accomplir : dominés par le souvenir des malheurs de 1814, les hommes qui la composaient, vieux soldats comme soldats de la veille, avaient, en outre, dans la dernière invasion, une mortelle injure à venger, et des offenseurs détestés à punir.

Un grand nombre de chefs ne partageaient pas cet élan : leur caractère avait été détrempé par les événemens de 1814, et ils reprochaient à l'empereur d'être venu déranger leur existence, troubler leur repos. Alourdis, en outre, par l'inactivité d'une année de profonde paix, ils avaient perdu de cette résolution et de cette audace qui leur avaient valu tant de gloire et qui avaient contribué pour une si grande part au succès des campagnes de la république et de l'Empire. Ces dispositions au mécontentement et ce changement n'existaient pas seulement dans les hauts rangs de l'armée, on les retrouvait chez un certain nombre d'officiers de grades inférieurs. Nous avons dit combien les Bourbons avaient été prodigues de grades et de décorations : au moment de quitter Paris, Louis XVIII avait encore jeté dans l'armée deux ou trois mille croix de Saint-Louis et de la Légion-d'Honneur (1). Ces nominations, toutes de faveur, le retour de l'empereur les avait annulées, soit qu'elles eussent été faites la veille du départ du roi ou le lendemain de l'abdication de Fontainebleau. On

---

(1) Cinq ordonnances insérées dans le *Moniteur* des 18 et 19 mars, et portant la date des 17 et 18, contenaient trente-huit nominations de Saint-Louis et cent quatre-vingt-dix nominations aux grades de commandans, d'officiers et de chevaliers de la Légion-d'Honneur. Une sixième ordonnance, dont la publication remplit les colonnes des numéros des 18 et 19 mars, contenait à elle seule le chiffre des nominations suivantes dans la Légion-d'Hon–

les regrettait; on regrettait surtout les tranquilles loisirs donnés par le gouvernement que la journée du 20 mars avait renversé. L'empereur ne pouvait apercevoir les germes d'opposition cachés dans les rangs des régimens. Le mauvais vouloir des principaux de l'armée, en revanche, ne lui avait pas échappé. « Je dois mon retour au peuple des villes » et des campagnes, aux soldats et aux sous- » lieutenans; je ne peux compter que sur » eux, » disait-il souvent. Durant quelques semaines il parut décidé à réaliser enfin une pensée conçue dès 1813 et qu'il n'avait pas eu la force d'exécuter en 1814, c'est à dire de laisser tous ses anciens lieutenans goûter les douceurs d'une retraite splendide, et de ne confier le commandement des troupes placées sous ses ordres directs qu'à de simples généraux de division dont l'audace et

---

neur : *Moniteur* du 18, cent dix-neuf officiers et deux cent cinquante-sept chevaliers; *Moniteur* du 19, huit cent dix chevaliers, avec cette mention après le dernier nom, qui est celui de M. Chancel de Bucsdenos (Jean-Louis-César), sous-lieutenant au 12e de cuirassiers : *la suite à demain*. Le lendemain était le 20 mars. Si le gouvernement royal n'eut pas le temps de compléter la publication de cette liste, il put du moins aviser tous les titulaires de leur nomination.

l'énergie seraient excitées par l'espoir d'arriver à leur tour au faîte des honneurs militaires, le maréchalat (1). Cette résolution, s'il avait pu la maintenir, aurait peut-être changé les destins de la campagne de 1815; mais il faiblit à mesure qu'approchait l'heure de la lutte. Dans le courant de mai, il avait nommé le maréchal Soult son major-général. Ce choix étonna le public et excita les murmures de l'armée. Le rôle malheureux du duc de Dalmatie, sous la restauration, l'exagération de son royalisme et les rigueurs de son ministère étaient encore présens à tous les esprits. Le

(1) Un ancien général de division de la grande-armée nous a raconté le détail suivant. Il se trouvait près de l'empereur, le 16 octobre 1813, le matin de la première journée de Leipsick. Un groupe nombreux parut à quelque distance, se dirigeant vers un des points du champ de bataille. « Qui passe là? demanda Napoléon. — Sire, c'est le maréchal.... — Comment! il n'est pas encore à son poste? Ses troupes pourtant doivent être engagées depuis plusieurs heures. Mais les voilà bien, ces maréchaux! il leur faut maintenant de longues nuits, des lits moelleux; les fatigues de la guerre sont trop fortes pour ces corps amollis. Ils en ont assez; *ils n'en veulent plus*. Désormais ils pourront se reposer, car je suis bien décidé à les remplacer par des généraux jeunes, ayant encore des grades à gagner et de la gloire à acquérir. Il y a long-temps que j'aurais dû prendre ce parti. »

11 juin, la veille du départ de Napoléon pour la frontière, une dépêche télégraphique avait ordonné au maréchal Ney, alors retiré à sa terre des Coudreaux, de rejoindre en toute hâte le quartier impérial. Enfin, l'empereur venait de confier au maréchal Mortier le commandement des troupes de la garde impériale destinées à faire la campagne, et de placer sous les ordres du marquis de Grouchy, créé maréchal à la suite de la capitulation du duc d'Angoulême, toute la réserve de cavalerie. La plupart de ses anciens généraux avaient, en outre, reçu de l'emploi. Les soldats, les sous-officiers et les officiers inférieurs étaient jeunes, ardens, avides de batailles ; les chefs, en grand nombre, étaient vieux d'ans ou fatigués de services.

Nous avons dit les positions occupées par l'armée française dans la soirée du 14 ; voici quelle était, au même moment, la position de l'ennemi :

Les troupes alliées, alors campées en Belgique, formaient deux armées distinctes, commandées par le duc de Wellington, et par le feld-maréchal prussien Blücher.

La première se composait de vingt-quatre brigades d'infanterie, dont neuf anglaises, dix allemandes, cinq hollandaises et belges ;

de onze brigades de cavalerie, comprenant seize régimens anglais, neuf allemands et six hollandais. Sa force était de *cent deux mille cinq cents hommes*, non compris huit régimens anglais, venant d'Amérique et débarqués à Ostende, ainsi que cinq autres régimens anglais enfermés dans les places de la Belgique. Le prince d'Orange, lord Hill et lord Uxbridge commandaient les principaux corps. Disséminée depuis Nivelles jusqu'à la mer, cette armée anglo-hollandaise avait son quartier-général à Bruxelles ; le point de concentration indiqué à toutes ses divisions était les Quatre-Bras (1).

Les troupes prussiennes étaient divisées en quatre corps de trente à trente-cinq mille hommes chacun, cantonnés autour de Charleroi, de Namur, de Ciney et de Liége, et commandés par les généraux Ziéthen, Pirch, Thielmann et Bulow. Cette armée, forte de *cent trente-trois mille quatre cents hommes*,

---

(1) Composition de l'armée anglo-hollandaise :

1er *corps.* — *Prince d'Orange.* — 11 brigades d'infanterie, formant 5 divisions, dont 2 anglaises, commandées par le major-général Cooke (4,000 h.) et par le lieutenant-général Alten (9,800 h.), et 3 divisions hollandaises commandées par les lieutenans-généraux Chassé (7,400 h.), Perponcher et de trois cents bouches à feu, avait son quartier-général à Namur ; son point de con-

---

(8,000 h.), et Collaert (7,200 h.). Total 36,400 h.

2e *corps.—Lord Hill.* — 13 brigades d'infanterie, composant 5 divisions, dont 4 anglaises, commandées par les lieutenans-généraux Clinton (9,300 h.), Colville (9,300 h.), Picton (9,700 h.), et Cole (8,800 h.), et une 5e division étrangère, commandée par le duc de Brunswick (5,500 h.). Total.......... 43,000

Cavalerie. — Lord Uxbridge. — 11 brigades, dont 7 brigades anglaises, commandées par les majors-généraux Sommerset, Ponsonby, Domeberg, Vandeleur, Grant, Vivian et par le colonel Areuschild (ensemble, 10,400 h.); une brigade hanovrienne (1,200 h.), 2 brigades hollandaises (3,100 h.) et une brigade brunswickoise (900 h.). Total. 15,600

Artillerie et *génie.* — 30 brigades anglaises, comptant 180 canons et 4,500 artilleurs, et 13 brigades hollando-belges, comptant 78 canons et 2,000 artilleurs. — Sapeurs-mineurs, 1,000 h. Total.............................. 7,500

Récapitulation.—Infanterie, 79,400 h. ; cavalerie, 15,600 h. ; artillerie et génie, 7,500 h.

Total général............ 102,500 h.
et 258 pièces de canon.

centration était indiqué en arrière de Fleurus (1).

Ces deux armées réunies présentaient un effectif double du nôtre ; il s'élevait à *deux cent trente-cinq mille neuf cents hommes*, tandis que nous n'avions que *cent quinze mille cinq cents* combattans ; seize lieues séparaient leurs deux quartiers-généraux ; on comptait la même distance entre le quartier-

(1) Composition de l'armée prussienne :

1er *corps.* — Général *Ziethen* : 4 divisions d'infanterie, comprenant 34 bataillons (27,200 h.) et une division de cavalerie de 32 escadrons (4,800 h.) Total........................ 32,000 h.

2e *corps.* — Général *Pirch* : 4 divisions d'infanterie, comprenant 36 bataillons (28,800 h.) et une division de cavalerie de 36 escadrons (5,400 h.). Total........................ 34,200

3e *corps.* — Général *Thielmann* : 4 divisions d'infanterie, comprenant 33 bataillons (26,400 h.) et une division de cavalerie de 32 escadrons (4,800 h.). Total........................ 31,200

4e *corps.* — Général *Bulow* : 4 divisions d'infanterie, comprenant 36 bataillons (28,800 h.) et une division de cavalerie de 48 escadrons (7,200 h.). Total........................ 36,000

Récapitulation.—Infanterie, 111,200 h. ; cavalerie, 22,200 h.

Total général.......... 133,400 h.

général de Blücher, le plus rapproché de notre ligne, et Beaumont, quartier-général de l'empereur.

Toutes les nouvelles arrivées au quartier impérial, dans la journée du 14, annonçaient que les troupes prussiennes ne faisaient aucun mouvement. Dans la nuit du 14 au 15, des affidés, venus de différens points de la Belgique, confirmèrent la profonde sécurité où était l'ennemi; la tranquillité la plus absolue régnait à Bruxelles, à Namur et à Charleroi. Fait unique peut-être dans l'histoire de la guerre! Napoléon venait de réunir une armée de cent quinze mille hommes, sur une frontière ouverte, en face de deux armées ennemies; lui-même venait de quitter la capitale de l'Empire et de se mettre à la tête des troupes, sans que nulle part, même à une lieue de nos lignes, on soupçonnât les mouvemens de nos soldats et de leur chef depuis deux jours.

L'empereur, pour attaquer les deux armées alliées, avait à choisir entre ces trois plans d'opération : déborder la droite ou la gauche de ces armées ou bien percer leur centre. Dans les deux premiers cas, les armées de Wellington et de Blücher resteraient réunies, puisqu'elles se trouveraient pressées l'une sur l'autre, de la gauche sur la droite ou de la droite sur la gauche, selon le côté par lequel l'empereur attaquerait. La disproportion des forces de Napoléon avec celles de ses deux adversaires, dans cette double hypothèse, lui fit adopter le parti de percer leur ligne à son point de jonction, à Charleroi, afin d'isoler chaque armée et de rester maître d'appuyer sur l'une ou sur l'autre. Une fois placé entre les Prussiens et les Anglais, devait-il faire tomber son effort sur ceux-ci ou sur les premiers? Cette deuxième question fut résolue par la connaissance qu'il avait du caractère des deux généraux alliés.

Blücher avait conservé, de ses débuts dans la profession des armes, des habitudes de hussard: caractère actif, décidé, son armée évidemment serait la première réunie. Son concours, si on ne l'attaquait pas le premier, serait prompt, énergique; et ce général, n'eût-il sous la main que deux bataillons, n'hésiterait pas à les amener au soutien de son allié. Wellington, au contraire, caractère circonspect, esprit lent, méthodique, attendrait la réunion de tous ses régimens, quelque compromise que fût la position des Prussiens, avant de faire un seul pas pour dégager ceux-ci. L'empereur résolut d'attaquer d'abord Blücher. Il fallait une demi-journée pour le rassemblement de chaque corps prussien ; deux jours étaient nécessaires pour là concentration de toutes ces forces. Napoléon, en franchissant la frontière le 15 au matin, espérait donc que l'armée prussienne ne pourrait pas se présenter en ligne avant le 17. Il y a plus : en surprenant cette armée dans ses cantonnemens, comme il allait le faire, il était possible d'empêcher le ralliement des différens corps qui la composaient et de les écraser en détail. Les 11,000 chevaux du maréchal Grouchy, destinés à des manœuvres rapides au milieu de toutes ces troupes en mouvement, avaient été précisément réunis sous une seule main afin d'assurer ce double résultat.

Peu d'heures après l'arrivée de l'empereur à Avesnes, un ordre du jour du major-général, daté de cette ville, le 13, et dit *ordre de position*, avait assigné à chaque corps le lieu où il devait se réunir et camper. Le 14, un second ordre du jour, dit *ordre de mouvement*, daté de Beaumont, où le quartier-impérial venait d'être transporté, vint indiquer à chaque général l'heure et l'ordre de sa mise en marche pour franchir la frontière le lendemain, ainsi que la route qu'il devait suivre et le point sur lequel il devait se porter. Le 4e corps entr'autres, commandé par le comte Gérard et posté en avant de Philippeville, le point de notre ligne le plus éloigné du quartier-impérial et le plus rapproché du quartier-général de Blücher, devait se mettre en mouvement à trois heures du matin, et, faisant éclairer sa droite, ainsi que tous les débouchés qui vont sur Namur, il devait marcher, serré en ordre de bataille, sur Charleroi. La 3e division de ce corps était commandée par le général Bourmont.

Ancien chef de bandes royalistes dans l'Ouest, M. de Bourmont, après la pacification de ces provinces, avait obtenu la faveur d'entrer avec le grade d'adjudant-commandant dans les armées impériales. Un talent incontestable, plusieurs actions d'éclat, l'avaient successivement élevé au grade d'officier-général. Lors du retour de l'île d'Elbe, il faisait partie, comme général de division, du petit corps d'armée réuni par le gouvernement à Besançon, sous les ordres du maréchal Ney, dans le but d'opérer sur le flanc de l'empereur. Nous avons réservé pour le procès du maréchal le détail du rôle de M. de Bourmont dans l'épisode de Lons-le-Saulnier. Nous dirons seulement qu'invité, à quelques jours de là, par le préfet du Doubs, M. Capelle, à aller rejoindre avec lui les Bourbons en Belgique, M. de Bourmont refusa, retenu qu'il était, disait-il, par l'espoir de conserver Besançon au roi. Besançon reconnut le pouvoir impérial, et, bien que M. de Bourmont eût déclaré à M. Capelle que les étrangers étaient la seule ressource sur laquelle la cause royale pût compter et qu'on ne devait pas hésiter à les rappeler (1), ce général ne tarda pas à solliciter un emploi de son grade dans l'armée que l'empereur organisait pour repousser l'invasion. Davoust, dont le dévoûment à Napoléon était alors sans réserve, rejeta durement sa demande. M. de Bourmont recourut à son ancien chef, le général Gérard, dont l'intervention fut également sans succès. Du ministre, Gérard en appela directement à l'empereur, et ses instances, secondées par les prières de Labédoyère, du comte de Flahaut et du maréchal Ney lui-même, triomphèrent à la fin des répugnances que puisait Napoléon dans les observations de son ministre de la guerre. Le général Gérard venait d'être nommé au commandement du 4e corps

(1) Procès du maréchal Ney, déposition de M. Capelle.

qui se formait alors à Metz; son protégé fut placé sous ses ordres et obtint une division. Le 6 juin, cette division quitta Metz avec le reste du corps pour prendre position sur la frontière de Belgique.

Le 14 au soir, le général Bourmont, dont les régimens formaient tête de colonne, avait son quartier-général à Florenne, village à deux lieues en avant de Philippeville, dans la direction de Namur. Lorsqu'il eut pris communication, comme tous les autres chefs, de l'*ordre de mouvement*, il fit la reconnaissance du terrain dans le plus grand détail et donna ses ordres pour la marche du lendemain. Le 15 au matin, à l'heure indiquée par l'ordre de mouvement, toutes les troupes du 4e corps prirent les armes. Le général Bourmont monta à cheval à cinq heures et demie et se porta en avant de sa division comme pour reconnaître la route. Il était accompagné de son chef d'état-major, l'adjudant-commandant Clouet, d'un autre officier d'état-major, le chef d'escadron Villoutreys, et de trois aides-de-camp. Six chasseurs à cheval et un brigadier lui servaient d'escorte. Après avoir marché l'espace d'une demi-lieue, il renvoya deux des chasseurs, sous prétexte de transmettre un ordre verbal au général Hulot, commandant de sa première brigade. Une fois ces deux cavaliers hors de vue, leurs camarades se trouvaient en minorité, cinq contre six; le général défendit alors à ceux-ci de le suivre plus loin; il les congédia en remettant au brigadier deux lettres pour le général Gérard, et, piquant des deux, il s'élança au galop vers les avant-postes de l'ennemi. Les cinq officiers qui l'accompagnaient le suivirent. Les chasseurs, étonnés, s'arrêtèrent; ils purent voir M. de Bourmont parlementer un instant avec les sentinelles prussiennes, passer outre, puis disparaître.

Cette désertion, accomplie au milieu du mouvement d'une armée en pleine marche pour surprendre l'ennemi, devait exercer une grande influence sur toute cette campagne: nous dirons plus loin son effet moral sur un grand nombre de généraux et sur les soldats; comme résultat matériel, elle annulait en partie le succès des dispositions de l'empereur pour dérober sa marche au général en chef prussien. Sept à huit lieues au plus, trajet de deux ou trois heures, séparaient le point de la frontière où M. de Bourmont venait de disparaître, de Namur, quartier-général de Blücher. Une escorte le conduisit devant ce dernier. *L'ordre de mouvement* dont il avait reçu communication la veille, par cela seul qu'il indiquait Charleroi comme le point où devaient se diriger tous les corps de l'armée, donnait le secret de la campagne. Ce secret fut-il livré? Nous ne l'affirmerons pas. Mais en supposant que, gardant le silence sur les dispositions de cet ordre, le général Bourmont se soit contenté de dire au feld-maréchal prussien : *Je quitte l'armée française ; elle est en marche pour franchir la frontière, j'étais là ;* même dans cette hypothèse difficilement admissible, il aurait encore porté un coup funeste à notre armée. Blücher, au lieu de connaître seulement dans la nuit du 15 au 16, après l'attaque de Charleroi, l'entrée des Français dans ses cantonnemens, se trouvait averti dès le 15 au matin ; il gagnait une journée et une nuit. Or, tout était là. La victoire comme la défaite, dans cette guerre de quatre jours, devaient tenir à des retards ou à des avances de quelques heures ; et la voix publique ne s'est pas égarée en unissant dans un lien fatal les deux noms de Bourmont et de Waterloo (1).

---

(1) Voici en quels termes cette désertion est constatée dans les états officiels déposés aux archives de la guerre.

Lorsque le général Gérard connut l'événement, il se porta au galop sur le front de la 14e division ; les soldats étaient furieux. Quelques paroles énergiques, indignées, satisfaction stérile, parvinrent pourtant à les calmer. L'empereur, averti, changea quelques unes de ses dispositions ; le corps du comte Gérard (4e), au lieu de continuer sa marche sur Charleroi, reçut l'ordre de passer la Sambre au Châtelet ; il prit cette direction. Tous les autres corps de l'armée se trouvaient déjà en mouvement ; la campagne était commencée.

« *État nominatif de MM. les officiers-généraux et officiers d'état-major composant le 4e corps de la grande armée, avec les mutations pendant le mois de juin jusqu'au 4 juillet (inclus.)* 1815.

» 14e division. BOURMONT, lieutenant-général ; *Dandigné*, *de Trélon*, capitaines aides-de-camp. (Le général et les deux aides-de-camp passés à l'ennemi le 15 juin.)

» CLOUET, adjudant-commandant, chef d'état-major, passé à l'ennemi le 15 juin.

» VILLOUTREYS, chef d'escadron adjudant, *idem.*

» SOURDAT, capitaine adjudant, *idem.* »

Le général G. de Vaudoncourt, dans son ***Histoire** des campagnes de* 1814 *et de* 1815, dit « que le colonel Gordon, chef d'état-major de la division Durutte (1er corps), passa également à l'ennemi, le lendemain 16 juin, pendant la marche du 1er corps de Marchiennes à Gosselies. »

Journée du 15. — *Passage de la Sambre.* — Le but de l'empereur, dans cette première journée que venait d'ouvrir la désertion d'un de ses généraux, était d'occuper en arrière de Fleurus, le plateau indiqué comme point de concentration aux quatre corps prussiens, d'embarrasser la jonction de ceux-ci et de se placer entre eux et l'armée anglaise. Nos troupes s'élançaient vers la Sambre dans trois directions : elles se portaient sur les ponts de Marchiennes, Charleroi et le Châtelet. Le général Ziethen ayant son quartier-général à Charleroi, gardait avec son corps ces trois passages. Sa sécurité, on l'a vu, était profonde. Ses premiers postes surpris en avant de Thuin et de Lobbes, par l'avant-garde du deuxième corps (comte Reille), n'eurent pas le temps de se mettre en défense ; ils furent culbutés et rejetés sur Marchiennes. Quelques bataillons se formant en carré en avant de ce bourg, essayèrent de tenir. Rompus de nouveau, ils durent franchir le pont en désordre et se retirer sur Charleroi. Le passage, à notre gauche, était forcé ; le deuxième corps, puis le premier (comte Drouet-d'Erlon), entrèrent successivement dans Marchiennes.

Pendant ce temps la cavalerie légère du

centre, aux ordres du général Pajol, s'avançait sur Charleroi, enlevant ou balayant tous les postes placés entre la frontière française et cette ville. L'ennemi s'y rallia et prit position pour défendre le pont. Les sapeurs et les marins de la garde, chargés de rétablir ce passage dans le cas où les Prussiens le feraient sauter, avaient accompagné la cavalerie de Pajol au pas de course et en se battant en tirailleurs. Entrés dans Charleroi avec les détachemens de Ziethen, et ne voulant pas laisser à ceux-ci le temps de couper le pont, ils s'élancèrent pour l'occuper. Leur attaque, accueillie par un feu nourri de mousqueterie, fut repoussée. Bientôt pourtant Pajol et sa cavalerie parurent; ce général ordonna la charge; le pont fut enlevé.

La Sambre, à Charleroi, coule au pied d'une ligne de hauteurs assez considérables que gravit la route de Fleurus. Chacune des rampes de cette route fut vivement disputée par l'ennemi, dont le nombre était incessamment augmenté par des détachemens accourus de tous les cantonnemens voisins. Les Prussiens ne purent tenir sur aucun point; chaque fois qu'ils essayaient de se former, nos soldats, s'élançant sur eux avec une audace et une impétuosité sans égale, les culbutaient à la baïonnette. Rejetées au delà des hauteurs, les troupes de Ziethen s'arrêtèrent à une demi-lieue plus loin, au village de Gilly, point d'intersection des deux chemins qui vont à Gosselies et à Fleurus. Quelques régimens de cavalerie, des détachemens d'infanterie peu nombreux étaient seuls attachés à leur poursuite. Le général prussien, favorisé par la position, réunit sur ce point huit ou dix mille hommes qu'il fit appuyer par un corps de cavalerie et par plusieurs batteries d'artillerie. Nos soldats, obligés de s'arrêter, attendirent l'arrivée du corps qui, d'après les dispositions prises la veille pour le mouvement de toute l'armée, devait les soutenir ; ce corps était celui de Vandamme (3e). Ce général avait dû quitter ses cantonnemens à trois heures du matin ; sa marche avait été calculée pour qu'il pût déboucher à Charleroi à neuf heures. De faux mouvemens lui firent perdre quatre heures, et ce fut seulement vers une heure et demie de l'après-midi qu'il se présenta devant Charleroi. L'empereur y était entré à onze heures avec sa garde. Vandamme reçut l'ordre de traverser la ville sans s'arrêter, de se porter sur Gilly, d'en chasser les Prussiens et de les rejeter au delà de Fleurus. Dans le même moment, Napoléon apprenait l'arrivée du deuxième corps à Marchiennes. Un officier fut aussitôt dépêché sur ce point pour ordonner au général Reille de se porter directement sur Gosselies par la traverse, et de pousser vigoureusement sur la route de Bruxelles tous les détachemens qu'il rencontrerait devant lui. Le comte d'Erlon (1er corps) reçut les mêmes instructions; mais soit qu'une partie des détachemens de ce dernier fût encore en arrière de la Sambre, soit un autre motif que nous n'avons pu pénétrer, d'Erlon devait laisser le deuxième corps s'avancer seul sur Gosselies et ne point quitter Marchiennes. Ces différens ordres venaient d'être expédiés quand le maréchal Ney parut.

Le 11 juin, nous l'avons dit, une dépêche télégraphique avait appelé ce maréchal au quartier impérial. Pris au dépourvu, parti sans équipages, avec un seul aide-de-camp, Ney était arrivé le matin même du 15 à Beaumont, où il avait trouvé le maréchal Mortier, retenu dans ce bourg, en deçà de la frontière, par un subit accès de sciatique; puis, continuant sa route, le prince de la Moskowa venait de rejoindre l'empereur à Charleroi. Après les premiers complimens, Napoléon lui dit : « Eh bien! M. le maréchal, votre

» protégé Bourmont, dont vous me répon-
» diez sur votre honneur, que je n'ai employé
» qu'à votre sollicitation, a passé à l'ennemi! »
Le maréchal, confus, essaya de s'excuser, en disant que M. de Bourmont lui avait semblé si dévoué à S. M. que nul autre à sa place n'aurait hésité à se faire son garant. *Allez, M. le maréchal*, lui répliqua l'empereur en l'interrompant, *ceux qui sont bleus sont bleus, ceux qui sont blancs sont blancs* (1). Puis il lui ordonna d'aller prendre le commandement des deux corps de Reille et d'Erlon, de donner tête baissée sur tout ce qu'il rencontrerait et de prendre position, avec les 40,000 hommes mis sous ses ordres, au delà des Quatre-Bras en tenant de fortes avant-gardes sur les deux routes de Bruxelles et de Na-

(1) M. de Bourmont avait fait ses premières armes parmi les insurgés royalistes de l'Ouest. Dans ces provinces, la population armée, comme la population civile, se divisait en *blancs* et en *bleus*. Les partisans de l'ancien régime avaient pris le nom de *blancs* de la couleur des uniformes de l'ancienne monarchie et de son drapeau. La république avait donné à ses volontaires et à ses soldats des uniformes de couleur bleue; le bleu était, en outre, une des trois couleurs de son étendard : tous les partisans de la révolution furent désignés par leurs adversaires sous le nom de *bleus*.

mur. Ces ordres expliqués, l'empereur ajouta: « Monsieur le maréchal, vous connaissez » bien la position des Quatre-Bras? — Oui, » Sire, répondit Ney; comment ne la connaî- » trais-je pas? Il y a vingt ans, j'ai fait la » guerre dans ce pays; cette position est la » clé de tout. — Eh bien! ralliez-y vos deux » corps et, s'il est nécessaire, élevez-y quel- » ques redoutes; pressez la marche de d'Er- » lon, et qu'il rappelle tous les détachemens » qu'il aura laissés sur la Sambre. Tout doit » être rallié avant minuit. — Fiez-vous à moi, » Sire; dans deux heures nous serons aux » Quatre-Bras, à moins que toute l'armée » anglaise ne s'y trouve. » Le maréchal partit (1).

Lorsqu'à moins de deux heures de là l'empereur apprit que Ney était arrivé à Gosselies, et que, se dirigeant sur les Quatre-Bras, ce maréchal se trouvait en mesure d'occuper le point de concentration indiqué à tous les corps de l'armée anglaise, lui-même se porta sur la route de Fleurus vers le point de concentration assigné aux différens corps de l'armée prussienne. Vandamme et le ma-

(1) *Campagne de* 1815, écrite à Sainte-Hélène par le général Gourgaud.

réchal Grouchy étaient encore en arrière de Gilly. Depuis plusieurs heures, ces deux généraux, croyant que tout le corps de Ziethen était devant eux, se tenaient immobiles. L'empereur, de sa personne, alla reconnaître l'ennemi ; il put se convaincre qu'une partie du corps prussien essayait seule- de barrer la route. L'attaque fut immédiatement commandée. Les Prussiens ne l'attendirent pas ; ils se mirent en retraite, protégés par plusieurs carrés d'infanterie et par le feu de deux batteries d'artillerie. Irrité du temps perdu, mécontent de voir l'ennemi lui échapper, Napoléon se tourne vers un de ses aides-decamp et lui montrant de la main les quatre escadrons, dits *escadrons de service*, qui formaient son escorte habituelle, il lui crie : « Letort, prenez mes escadrons ; chargez et enfoncez tout cela ! » Le général Letort et les quatre escadrons partent ; ils se jettent sur les carrés, les sabrent et les disloquent. Les Prussiens fuient, mais en vendant cher leur défaite. Le général Letort venait d'être mortellement blessé.

Il était six heures du soir; Napoléon, impatient de s'assurer si tous les corps de l'armée avaient franchi la Sambre, revint à Charleroi ; les soldats qu'il quittait prirent aussitôt leurs bivóuacs entre Fleurus et Gilly. Le mouvement, dans cette direction, se trouvait arrêté.

Ney, sur la route de Bruxelles, s'était avancé sur Frasnes avec le deuxième corps (Reille), qu'il avait rencontré à Gosselies. Frasnes, quelques heures auparavant, n'était encore occupé que par un seul bataillon belge de la brigade du prince Bernard de Saxe-Weimar; mais ce général venait d'y accourir avec le reste de ses forces. Cette brigade comptait environ quatre mille hommes; son artillerie se composait de six pièces de canon. La présence d'une division de cavalerie légère de la garde, que le maréchal conduisait avec lui, suffit toutefois pour obliger le prince Bernard à la retraite; il se retira sur les Quatre-Bras. Ney, en suivant l'ennemi pouvait s'emparer de cette position, distante de Frasnes d'environ cinq quarts de lieue; il l'aurait immédiatement occupée sans avoir probablement à tirer un coup de fusil. Le bruit de l'artillerie qui grondait en arrière de son flanc droit, à Gilly, arrêta sa marche. Ignorant l'importance réelle de cet engagement, craignant que ce combat, en modifiant les projets de l'empereur, n'obligeât Napoléon à le rappeler, il crut faire acte de prudence en se tenant à la hauteur du canon, et laissant à Frasnes une simple avant-garde, il revint à Gosselies où il établit son quartier-général. Les rapports de quelques officiers de cavalerie légère ne tardèrent cependant pas à faire connaître au maréchal l'insignifiance de la canonnade de Gilly ainsi que la retraite des Prussiens ; il pouvait reprendre son mouvement ; mais la nuit venait, ses soldats établissaient leurs bivouacs. Convaincu, d'ailleurs, qu'il enlèverait les Quatre-Bras dès qu'il voudait s'y porter, Ney jugea inutile d'imposer de nouvelles fatigues à ses régimens et crut pouvoir annoncer à l'empereur la complète exécution de ses ordres. Le maréchal fit dire à Napoléon « qu'il occupait les Quatre-Bras avec une avant-garde et que ses masses campaient en arrière (1). »

(1) Général GOURGAUD, *Campagne de* 1815. — L'ordre donné le 15 par l'empereur au prince de la Moskowa pour l'occupation *immédiate* des Quatre-Bras, ainsi que l'avis transmis par ce maréchal pour annoncer qu'il se trouvait sur la position, sont deux faits qui ont donné lieu à des controverses animées. Comme ces communications ont l'une et l'autre été verbales, il était difficile d'apporter dans la discussion autre chose que de simples dires. Cependant il est une circonstance qui nous semble décisive en faveur de l'assertion du général Gourgaud et des détails si précis dont il l'appuie. La dépêche, expédiée *le 15 juin au soir* de Charleroi pour Paris, et qui parut dans le *Moni-*

Pendant ce temps, le 4e corps, commandé par le comte Gérard, achevait à son tour de passer la Sambre et de s'établir en avant de Châtelet. Ce corps avait rencontré de mauvais chemins; son avant-garde avait surpris d'assez bonne heure les détachemens prussiens chargés de garder le pont; mais il était presque nuit close lorsque le corps entier se trouva réuni sur la position.

La perte des Prussiens, dans cette première journée, fut de deux mille hommes tués ou faits prisonniers et de cinq pièces de canon;

---

teur du 18, contient ce passage : « L'empereur a » donné le commandement de la gauche au prince » de la Moskowa qui *a eu le soir* son quartier-gé- » néral *aux Quatre-Chemins* sur la route de » Bruxelles. » Cette dépêche, il ne faut pas l'oublier, publiée à Paris le 18 juin, fut écrite à Charleroi par le major-général, le 15 au soir; donc, ce soir-là, on avait su au quartier-impérial que le maréchal Ney avait son quartier-général aux Quatre-Chemins (Quatre-Bras), sur la route de Bruxelles, direction que le maréchal évidemment n'aurait point prise, mouvement qu'il n'aurait point fait, si Napoléon ne le lui avait positivement ordonné.

La relation du général Gourgaud, d'ailleurs, a été écrite à Sainte-Hélène sous les yeux de l'empereur; or, Napoléon, on le sait, quand il ne taisait pas les fautes de ses lieutenans, les amoindrissait au lieu de les exagérer.

la nôtre ne dépassa pas quatre-vingts blessés et un moindre nombre de morts. Ces résultats étaient peu considérables; mais ils ouvraient heureusement la campagne. Napoléon, d'ailleurs, avait à peu près atteint son but. Par une des plus belles et des plus hardies manœuvres dont les annales militaires fassent mention, il venait, à la tête de cent quinze mille soldats, de surprendre deux armées ennemies; la barrière de la Sambre, en outre, se trouvait franchie; et campé avec sa garde, les 3e et 6e corps entre Charleroi et Fleurus, à la gauche de Namur, ayant le 1er et le 2e corps entre Marchiennes et les Quatre-Bras, sur la route de Bruxelles, il venait de se placer entre les quartiers-généraux de Blücher et de Wellington, et de percer leur ligne à son point de jonction.

Journée du 16. — **Bataille de Ligny. Affaire des Quatre-Bras.** — Les différens corps de l'armée avaient éprouvé la veille, dans leur marche, des retards que doit expliquer en partie le defilé de cent quinze mille hommes, infanterie, cavalerie, artillerie, par trois ponts d'un passage resserré et difficile. Ces retards et la nécessité où était l'empereur de ne pas prendre un parti avant d'avoir reçu les rapports de ses différens généraux sur la position et sur la force des troupes ennemies placées devant eux, le retinrent durant toute la matinée à Charleroi et ne lui permirent pas d'arrêter toutes ses dispositions d'aussi bonne heure que l'intérêt de nos armes aurait pu le demander. Ainsi, le 4e corps, sous les ordres du comte Gérard, et le corps de dragons du général Excelmans, cantonnés tous deux soit à Châtelet, soit dans les villages voisins et qui se tenaient prêts à marcher depuis deux heures du matin, ne reçurent leur ordre de mouvement qu'à neuf heures et demie (1). Les autres corps ne furent également mis en marche que très tard, et il était dix heures quand l'empereur lui-même quitta Charleroi pour se rendre à Fleurus

(1) « Dans la matinée (entre huit et neuf heures), le général Excelmans vint me voir à Châtelet ; il avait ses troupes campées près des miennes. Je lui témoignai combien j'étais contrarié de ne pas avoir encore mon *ordre de mouvement*. J'ajoutai que j'augurais mal de ces retards; que, d'après ma manière de voir, ce n'était que par des mouvemens rapides qui nous amèneraient au milieu des cantonnemens ennemis presqu'à leur insu, que nous pourrions espérer de grands résultats. »

(Maréchal Gérard. *Documens sur la bataille de Waterloo*, p. 49.)

que les Prussiens avaient abandonné dans la nuit.

Le séjour de l'empereur à Charleroi fut marqué par une mesure qui devait exercer une grande influence sur le sort de la campagne.

Jusque là chaque chef de corps recevait directement les ordres de l'empereur ; à la vérité, les efforts de l'armée étaient pour ainsi dire concentriques et tous les corps restaient sous la main de Napoléon, tandis que le lendemain l'intervention probable de Wellington pouvait obliger l'empereur d'opérer simultanément dans deux directions et contre deux armées différentes. Dans cette prévision, il crut nécessaire de placer sous les ordres d'un seul chef les troupes chargées de contenir ou de combattre celle des deux armées ennemies qu'il n'aurait point devant lui ; et, dans la nuit du 15 au 16, il avait fait de ses cinq corps, de sa garde et de ses réserves, trois parts qu'il composa ainsi :

AILE GAUCHE. — Maréchal NEY.

1er *corps*. — Comte *d'Erlon*. — Infanterie, 16,220 h. ; cavalerie, 1,500 h.

2e *corps*.—Comte *Reille*.—Infanterie, 21,100 h.; cavalerie, 1,500 h.

Cavalerie *Desnouettes* (lanciers et chasseurs de

la garde impériale), 2,120 h.; cuirassiers *Kellermann*, 2,610 h.

Artillerie à pied et à cheval, 2,400 h.

Total : 47,450 h. et 116 bouches à feu.

AILE DROITE. — Maréchal GROUCHY.

3e *corps*. — Comte *Vandamme*. — Infanterie, 13,030 h.; cavalerie, 1,500 h.

4e *corps*.—Comte *Gérard*. — Infanterie, 12,000 h.; cavalerie, 1,500 h.

Cavalerie *Pajol* (hussards et chasseurs), 2,520 h.; cavalerie *Excelmans* (dragons), 2,600 h.; cuirassiers *Milhaut*, 2,600 h.

Artillerie à pied et à cheval, 2,250 h.

Total : 38,000 h. et 112 bouches à feu.

CENTRE ET RÉSERVE. — L'EMPEREUR.

6e *corps*.—Comte *Lobau*.—Infanterie, 11,000 h.

Garde impériale. — Grenadiers, 4,420 h.; chasseurs ou moyenne garde, 4,250 h.; jeune garde, 3,800 h.; grenadiers à cheval, 1,000 h.; dragons, 1,010 h.

Artillerie à pied et à cheval, 2,700 h.

Total : 28,180 h. et 122 bouches à feu (1).

Les ordres expédiés de Charleroi le 16 au matin aux commandans des deux *ailes*, expliquent les dispositions arrêtées par l'empereur aux premières heures de cette journée.

---

(1) Les 2,200 hommes des équipages et du génie ne sont point compris dans ces chiffres; ils complètent l'effectif de l'armée tel qu'il était l'avant-veille, moins les quelques hommes tués ou blessés à Charleroi ou à Gilly.

On lit dans l'ordre adressé au maréchal Grouchy :

« Monsieur le maréchal, l'empereur ordonne que vous vous mettiez en marche avec les 1er, 2e et 4e corps de cavalerie et que vous les dirigiez sur Sombref *où vous prendrez position*. Je donne pareil ordre à M. le lieutenant-général Vandamme pour le 3e corps d'infanterie, et à M. le lieutenant-général Gérard pour le 4e ; et je préviens ces deux généraux qu'ils sont sous vos ordres, et qu'ils doivent vous envoyer des officiers pour vous instruire de leur marche et prendre des instructions... Je préviens aussi M. le général Gérard pour qu'il marche, bien réuni, à portée du 3e corps, et soit en mesure de concourir à l'*attaque de Sombref* si l'ennemi *fait résistance*.

» J'ai l'honneur de vous prévenir que M. le prince de la Moskowa reçoit ordre de se porter avec le 1er et le 2e corps à l'intersection des chemins dits les Quatre-Bras, sur la route de Bruxelles, et qu'il détachera un fort corps à Marbais pour se lier avec vous sur Sombref et seconder au besoin vos opérations... »

L'empereur avait connu dans la nuit le séjour du prince de la Moskowa à Gosselies. Les retards éprouvés par une partie des troupes du maréchal dans leur marche, pouvaient expliquer cette inaction ; aussi, dans le premier ordre transmis au chef de son *aile gauche*, Napoléon se bornait-il à faire dire au maréchal, après lui avoir annoncé l'envoi, sur

Gosselies, du corps de cuirassiers Kellermann, qu'il mettait à sa disposition :

« Veuillez m'instruire si le 1er corps (Drouet-d'Erlon) a opéré son mouvement et quelle est, ce matin, la position exacte des 1er et 2e corps et des deux divisions de cavalerie qui y sont attachées, en me faisant connaître ce qu'il y a d'ennemis devant vous et ce qu'on a appris. »

Quelques instans après, Ney recevait du major-général un *ordre de mouvement* (1) dont nous citerons les passages suivans :

« Monsieur le maréchal, l'empereur ordonne que vous mettiez en marche les 1er et 2e corps d'armée, ainsi que le 3e corps de cavalerie (cuirassiers Kellermann) qui a été mis à votre disposition, pour les diriger sur l'intersection des chemins dits les *Quatre-Bras*, route de Bruxelles, où vous leur ferez prendre position, et vous porterez en même temps des reconnaissances aussi avant que possible sur la route de Bruxelles et sur Nivelles d'où l'ennemi s'est probablement retiré.

» S. M. désire que, s'il n'y a pas d'inconvénient, vous établissiez une division avec de la cavalerie à Genape (2), et elle ordonne que vous portiez une autre division du côté de Marbais pour couvrir l'espace entre Sombref et les Quatre-Bras... Le

(1) Tous ces ordres et ceux que nous aurons à citer étaient signés du duc de Dalmatie, major-général.

(2) A une lieue au delà des Quatre-Bras, sur la route de Bruxelles.

corps qui sera à Marbais aura aussi pour objet d'appuyer les mouvemens du maréchal Grouchy sur Sombref, et de vous soutenir à la position des Quatre-Bras si cela devenait nécessaire. Vous recommanderez au général qui sera à Marbais, de bien s'éclairer sur toutes les directions, particulièrement sur celles de *Gembloux* et de *Wavres*...

» J'ai l'honneur de vous prévenir que l'empereur va se porter sur Sombref où, d'après les ordres de S. M., M. le maréchal Grouchy doit se diriger avec les 3e et 4e corps d'infanterie et les 1er, 2e et 4e corps de cavalerie. M. le maréchal Grouchy fera occuper Gembloux.

» Je vous prie de me mettre de suite à même de rendre compte à l'empereur de vos dispositions pour exécuter l'ordre que je vous envoie, ainsi que de tout ce que vous aurez appris sur l'ennemi. »

Pendant que le duc de Dalmatie expédiait cet ordre au prince de la Moskowa, Napoléon adressait personnellement à ce maréchal la lettre suivante :

« Charleroi, le 16 juin 1815.

» Mon cousin, je vous envoie mon aide-de-camp le général Flahaut qui vous porte la présente lettre ; le major-général a dû vous donner des ordres; mais vous recevrez les miens plus tôt, parce que mes officiers vont plus vite que les siens. Vous recevrez l'ordre de mouvement du jour ; mais je veux vous *en écrire en détail*, parce que c'est *de la plus haute importance*.

» Je porte le maréchal Grouchy avec les 3e et 4e corps d'infanterie sur Sombref; je porte ma garde sur Fleurus et j'y serai de ma personne avant midi. J'y attaquerai l'ennemi *si* je le rencontre, et j'éclairerai la route jusqu'à Gembloux. Là, d'après ce qui se passera, je prendrai mon parti, peut-être à trois heures après midi, peut-être ce soir. Mon intention est qu'immédiatement après que j'aurai pris mon parti, vous soyez prêt à marcher sur Bruxelles. Je vous appuierai avec la garde qui sera à Fleurus ou à Sombref, et je désirerais arriver à Bruxelles demain matin. Vous vous mettriez en marche ce soir même, si je prends mon parti d'assez bonne heure pour que vous puissiez en être informé de jour, faire ce soir trois ou quatre lieues et être demain à sept heures du matin à Bruxelles.

» Vous pouvez donc disposer vos troupes de la manière suivante : une division à deux lieues en avant des Quatre-Bras, s'il n'y a pas d'inconvénient ; six divisions d'infanterie autour des Quatre-Bras, et une division à Marbais, afin que je puisse l'attirer à moi à Sombref si j'en avais besoin ; elle ne retarderait pas d'ailleurs votre marche ; le corps du comte de Valmy, qui a 3,000 cuirassiers d'élite à l'intersection de la Chaussée-Romaine et du chemin de Bruxelles, afin que je puisse l'attirer à moi, si j'en ai besoin ; aussitôt que mon parti sera pris, vous lui enverrez l'ordre de venir vous rejoindre.

» Je désirerais avoir avec moi la division de la garde que commande le général Lefebvre-Desnouettes, et je vous envoie les deux divisions du corps du comte de Valmy pour la remplacer. Mais dans mon projet actuel, je préfère placer le comte de Valmy de manière à le rappeler si j'en avais besoin et ne point faire faire de fausses marches au général Lefebvre-Desnouettes, puisqu'il est probable que je me déciderai ce soir à marcher sur Bruxelles avec la garde. Cependant couvrez la division Lefebvre par les deux divisions de cavalerie de D'Erlon et de Reille afin de ménager la garde, car s'il y avait quelqu'échauffourée avec les Anglais, il est préférable que ce soit avec la ligne plutôt qu'avec la garde.

» J'ai adopté pour principe général pendant cette campagne, de diviser mon armée en deux ailes et une réserve.

» Votre aile sera composée des quatre divisions du 1er corps, des quatre divisions du 2me corps, de deux divisions de cavalerie légère et des deux divisions du corps de Valmy. Cela ne doit pas être loin de 45 à 50,000 hommes. Le maréchal Grouchy aura à peu près la même force et commandera l'aile droite. La garde formera la réserve, et je me porterai sur l'une ou sur l'autre aile suivant les circonstances.

» Le major-général donne les ordres les plus précis pour qu'il n'y ait aucune difficulté sur l'obéissance à vos ordres lorsque vous serez détaché, les commandans des corps devant prendre mes ordres directement quand je me trouve présent. Selon les circonstances, j'affaiblirai l'une ou l'autre aile en augmentant ma réserve.

» Vous sentez assez l'importance attachée à la *prise de Bruxelles*. Cela pourra d'ailleurs donner lieu à des incidens, car un mouvement aussi prompt et aussi brusque isolera l'armée anglaise de Mons, d'Ostende, etc.

» Je désire que vos dispositions soient bien faites pour qu'au premier ordre vos 8 divisions puissent marcher rapidement et sans obstacle sur Bruxelles.

» Napoléon. »

Nous avons reproduit cette lettre en entier, malgré son étendue, parce qu'elle fait connaître toute la pensée de l'empereur dans les premières heures du 16 juin. La veille, Napoléon avait surpris les deux armées alliées ; à l'heure où le général de Flahaut écrivait sous la dictée de l'empereur la lettre que nous venons de transcrire, Wellington et Blucher étaient probablement occupés à concentrer leurs forces. En portant ses deux ailes, fortes chacune de 40 à 45,000 hommes, au milieu de ces troupes en mouvement, en ordonnant aux maréchaux Ney et Grouchy cette double marche presque parallèle, Napoléon pouvait donc espérer de rejeter, sans peine, les Anglais sur Bruxelles, les Prussiens sur Namur, puis la séparation opérée et la capitale Belge tombée en ses mains, d'avoir facilement raison de celui des deux généraux ennemis qu'il lui conviendrait de combattre.

En même temps que M. de Flahaut, parti du quartier impérial à 9 heures du matin, portait cette lettre au prince de la Moskowa, le duc de Dalmatie adressait à ce maréchal par un officier de l'état-major-général le nouvel ordre suivant :

« Monsieur le maréchal, un officier de lanciers vient de dire à l'Empereur que l'ennemi présentait des masses du côté des Quatre-Bras. Réunissez les corps des comtes Reille et D'Erlon, à celui du comte de Valmy (Kellermann) qui se met à l'instant en route pour vous joindre. Avec ces forces, vous devez *battre et détruire* tous les corps ennemis qui peuvent se présenter. BLUCHER ÉTAIT HIER A NAMUR et il *n'est pas vraisemblable* qu'il ait porté des troupes vers les Quatre-Bras ; ainsi vous n'avez affaire qu'à ce qui vient de Bruxelles.

» Le maréchal Grouchy va faire le mouvement sur Sombref que je vous ai annoncé. L'Empereur *va se rendre à Fleurus*; c'est là où vous adresserez vos nouveaux rapports à sa majesté. »

Ney, durant la première moitié de la journée, ne devait effectivement avoir devant lui, comme on le verra, que les détachemens peu nombreux cantonnés aux Quatre-Bras et dans le voisinage ; mais si Blücher *était la veille à Namur*, en revanche, lorsque Napoléon n'avait pas encore quitté Charleroi, le feld-maréchal prussien se trouvait déjà en avant de Sombref avec la presque totalité de son armée. Blücher, on l'a vu, avait pu se trouver averti par la seule présence de M. de Bourmont à son quartier général, *avant* même l'attaque des premiers postes de Ziéthen (1).

(1) M. de Bourmont, du point où avait franchi la frontière à six heures du matin, pouvait arriver à Namur en moins de trois heures. Le général Jomini, dans son *Précis de la campgne de* 1815, dit « que ce fut à *dix heures du matin* que le 15 Blücher fut instruit du danger qui menaçait Ziéthen. »

Des officiers expédiés sur-le-champ dans toutes les directions avaient transmis aux différentes divisions de Pirch, de Thielmann et de Bulow, l'ordre de se porter à marches forcées sur Fleurus. Bulow, cantonné à Liége, était trop éloigné pour arriver à temps ; mais Thielmann et Pirch, en marchant une partie de la nuit, avaient joint, dès le matin du 16, les régimens de Ziéthen. Blücher, lorsque ces deux corps arrivèrent, était déjà sur le terrain.

La surprise de l'empereur fut donc grande lorsqu'entré dans Fleurus que nos soldats occupaient depuis le matin, on lui annonça la présence, entre Bry et Sombref, de masses prussiennes considérables. Dans ses calculs, la réunion de l'armée de Blücher n'était possible que le lendemain 17. Il se porta aussitôt sur la ligne des vedettes et monta dans un moulin à vent qui domine la plaine (1) : ses regards interrogèrent avidement le terrain ; il les dirigea sur Bry ; on ne l'avait point trompé ; d'épais bataillons couvraient la terre

(1) Ce moulin, où l'empereur resta tant que la bataille ne fut pas commencée, est situé en arrière de Fleurus, sur la gauche de la route qui conduit à Sombref. Il ne travaille plus ; mais la tour est encore debout.

en avant de ce village. Toutes les espérances de Napoléon étaient renversées ; tous ses plans de la nuit et du matin étaient annulés ; et lorsque de Fleurus l'empereur comptait marcher sans obstacles sérieux sur Bruxelles avec sa garde, il trouvait sa route barrée par quatre-vingt-quinze mille Prussiens.

En portant sur ce point toutes les forces qu'il avait à sa disposition, le général en chef prussien abandonnait sa ligne d'opérations ; on pouvait reconnaître à ce mouvement l'audace accoutumée de Blücher ; ce général, au lieu d'être pris à l'improviste, surprenait l'empereur en pleine marche ; sa manœuvre avait évidemment pour but d'imposer à nos troupes, et de gagner, en les arrêtant, le temps nécessaire pour le ralliement de ses quatre corps d'armée ainsi que pour leur jonction avec l'armée anglaise. Napoléon, jusque là, avait précisément manœuvré dans le but d'empêcher cette réunion ; il ne voulut point permettre aux généraux ennemis de l'opérer. Sa pensée fut promptement arrêtée ; il résolut de livrer sur le-champ bataille, et si tous les ordres pour l'exécution de son nouveau plan, inspiration soudaine du génie, étaient remplis par ses généraux, la conquête de la Belgique devenait le fruit de cet incident inattendu ; l'audace même de Blücher décidait le succès de la campagne. De nouvelles dispositions furent immédiatement ordonnées aux deux corps de Vandamme et de Gérard ; ces corps, au lieu de continuer leur mouvement sur Sombref, durent s'arrêter et faire un changement de front ; puis, lorsque vers deux heures *l'aile droite* eut terminé ses dispositions, l'empereur transmit au chef de son *aile gauche* (Ney) le nouvel ordre suivant :

« En avant de Fleurus, le 16 juin 1815.

» Monsieur le maréchal, l'empereur me charge de vous prévenir que l'ennemi a réuni un corps de troupes entre Sombref et Bry, et qu'à deux heures et demie M. le maréchal Grouchy, avec les 3e et 4e corps, l'attaquera. L'intention de S. M. est que vous attaquiez aussi ce qui est devant vous, et qu'après l'avoir vigoureusement poussé, vous *rabattiez sur nous* pour concourir à *envelopper* le corps dont je viens de vous parler. Si ce corps était enfoncé auparavant, alors S. M. ferait manœuvrer dans votre direction pour hâter également vos opérations.

» Instruisez de suite l'empereur de vos dispositions et de ce qui se passe sur votre front. »

De Fleurus à Frasnes, où le maréchal s'était porté vers dix heures et demie, on compte environ deux lieues et demie. C'était à neuf heures du matin que l'officier, chargé de renouveler au maréchal l'ordre de prendre position sur les Quatre-Bras et d'établir une di vision avec de la cavalerie à une lieue plus loin, à Genape, avait quitté Fleurus. M. de Flahaut était parti de cette ville à la même heure. En admettant donc que tous deux eussent passé même par Gosselies, ils devaient avoir rejoint le maréchal au plus tard à onze heures. Il était deux heures de l'après-midi, lorsque Napoléon faisait transmettre au prince de la Moskowa l'ordre ci-dessus. A cette heure, le maréchal Ney, dans la pensée de l'empereur, devait se trouver établi sur les Quatre-Bras. Napoléon, avant d'engager la bataille, désirait cependant en recevoir la nouvelle; il voulait avoir la certitude, avant d'ouvrir le feu, que le chef de son aile gauche, quand lui arriverait l'ordre qu'on vient de lire, était en mesure de *se rabattre sur Bry* et de concourir au succès du plan qu'il avait arrêté. Il attendit donc une heure; mais pas de nouvelle; le temps s'écoulait; un plus long retard pouvait être dangereux; à trois heures l'attaque fut ordonnée. Un quart d'heure après, l'ordre suivant était encore expédié au prince de la Moskowa :

« En avant de Fleurus, le 16 juin,
à trois heures un quart.

» Monsieur le maréchal, je vous ai écrit il y a

une heure que l'empereur ferait attaquer l'ennemi à deux heures et demie dans la position qu'il a prise entre Bry et Sombref. En ce moment l'engagement est très prononcé. S. M. me charge de vous dire que vous devez manœuvrer *sur-le-champ* de manière à *envelopper la droite* de l'ennemi et à *tomber à bras raccourcis* sur ses derrières. Cette armée est perdue si vous agissez vigoureusement; LE SORT DE LA FRANCE EST DANS VOS MAINS. Ainsi, n'*hésitez pas un instant* à faire le mouvement que l'empereur vous ordonne, et dirigez-vous sur les hauteurs de Bry et de Saint-Amand pour concourir à une victoire peut-être décisive. »

Cet ordre fut confié au colonel Forbin-Janson. L'empereur, en le lui remettant, lui répéta ces mots de la dépêche : « Dites bien au » maréchal que le sort de la France est dans » ses mains. » — « Il se peut que dans trois » heures le sort de la guerre soit décidé, » ajouta Napoléon en s'adressant au comte » Gérard, qui venait lui demander ses der- » nières instructions; si Ney exécute bien » mes ordres, il ne s'échappera pas un ca- » non de l'armée prussienne; elle est prise en » flagrant délit. » La position de Blücher, en effet, était détestable. Devant lui se trouvait Napoléon avec les soixante-six mille hommes de son *aile droite* et de son *centre*, puis, circonstance que le feld-maréchal prussien ignorait, sur ses derrières, à moins de deux lieues et demie de ses positions, séparés seulement de son armée par une facile et vaste plaine, et pouvant le prendre à dos au plus fort de la bataille, étaient les quarante-sept mille soldats du maréchal Ney. La destruction de l'armée prussienne, en cas d'intervention de l'un des corps de l'*aile gauche*, était un résultat tellement certain aux yeux de l'empereur, que peu d'instans après le départ du colonel Forbin, Napoléon, impatient d'assurer cette intervention, chargea son aide-de-camp, le général Labédoyère, de porter encore au maréchal Ney quelques mots écrits au crayon et dans lesquels, précisant davantage ses derniers ordres, il lui disait : « que s'il était trop fortement engagé pour quitter ses positions, il devait se borner à les maintenir avec le 2e corps (Reille), et diriger sans perdre un instant le corps de Drouet-d'Erlon sur son champ de bataille. » Labédoyère partit.

La plaine de Fleurus, à une demi-lieue au nord de cette ville, est brusquement terminée par un large et profond ravin demi-circulaire qui, prenant naissance à l'extrémité occidentale de Saint-Amand, longe ce village et gagne ensuite celui de Ligny en contournant le pied d'un plateau en amphithéâtre dont le petit village de Bry occupe le sommet. C'était sur ce plateau, en arrière du ravin dont les deux extrémités sont couvertes et défendues par Ligny et Saint-Amand, que Blücher avait pris position. Le terrain entre les deux villages est complètement découvert et laissait un libre jeu au canon des deux armées. Les régimens prussiens, massés en avant de Bry, avaient leur front protégé par une nombreuse artillerie battant la plaine de Fleurus; leurs deux ailes, appuyées sur Saint-Amand et Ligny, occupaient en force les jardins et les maisons de ces deux communes. Cette armée, composée des trois corps de Ziéthen, Pirch et Thielmann, s'élevait à *quatre-vingt-quinze mille hommes*, les pertes de la veille défalquées. L'armée française, composée des seules troupes de la *droite* et de la *garde impériale* et de la division Girard du 2e corps, ne comptait que *cinquante-neuf mille combattans* (1); elle était rangée en avant de Fleu-

(1) V. plus haut, pages 9, 10 et 11, la composition de la *droite* et de la *garde impériale*; leurs forces réunies n'étaient que de 54,000 hommes; mais la division Girard, détachée le matin du 2e corps, et réunie aux troupes de Vandamme, comptait 5,000 hommes. Le 6e corps (comte de Lobau), formant avec la garde impériale le *centre* proprement dit, et laissé le matin, par l'empereur, à Charleroi, fut appelé dans la journée à Fleurus; mais il y resta en réserve et ne prit aucune part à la bataille.

rus, faisant face sur tous les points de la ligne aux positious occupées par l'ennemi. Le ravin, avec Saint-Amand et Ligny à chaque extrémité, se trouvait entre deux.

Lorsque Napoléon, las d'attendre des nouvelles de Ney, s'était décidé à donner le signal de l'attaque, il n'avait engagé que les deux corps d'infanterie de son *aile droite*. Le corps de Vandamme (3e) s'était porté sur Saint-Amand; celui du comte Gérard (4e) s'était avancé sur Ligny. Saint-Amand, long village assis sur le versant du ravin opposé au plateau de Bry et sur la rive droite d'un petit ruisseau qui coule au fond de la coupure, était le point de la ligne de défense des Prussiens le plus rapproché de Fleurus; il fut abordé le premier (1). Les maisons de Saint-

(1) Le village de Saint-Amand, bien que la ligne de ses habitations soit continue, prend deux noms : une moitié, la plus rapprochée de Fleurus, celle où se trouve l'église, est Saint-Amand proprement dit; l'autre partie, la plus rapprochée de Bry, s'appelle Saint-Amand-la-Haye, du nom du château de *La Haye* qui s'y trouve enclavé, et qui appartenait en 1815 au comte de Croix, ancien sénateur et pair de France. Le ruisseau qui coule au fond du ravin a sa source dans la cour d'une ferme située à l'extrémité de Saint-Amand-la-Haye; on lui donne le nom de ruisseau de Saint-

Amand, comme celles d'un grand nombre de villages de la Belgique, isolées les unes des autres, sont assises au milieu de jardins et de vergers appelés *pâtures* et que couvrent quantité d'arbres fruitiers ou de haute-futaie. En 1815, la multitude de ces arbres autour de Saint-Amand donnait à l'emplacement qu'il occupe l'aspect du bois le plus épais (1). Seules, l'église et quelques maisons qui l'entourent, placées à l'extrémité qui regarde Ligny, se montraient à nos troupes. Vandamme se porta sur ce point. Ses soldats, impatiens de leur longue inaction, accueillirent avec de longs cris de joie l'ordre d'aller à l'ennemi ; ils s'avancèrent à pas rapides.

Le plus profond silence régnait sur la ligne prussienne, ont dit les habitans de Saint-Amand, quand trois coups de canon, tirés à intervalles égaux, éclatèrent dans la direction de Fleurus. Au même moment, des chants, les sons d'une musique guerrière, de lon-

---

Amand ou de Ligny, selon qu'il traverse le territoire de ces deux communes.

(1) Quelques narrations parlent du bois de Saint-Amand ; ce bois n'a jamais existé. On a pris pour un bois l'épais *couvert* dont nous parlons. Les arbres qui le formaient ont presque tous été coupés de 1818 à 1822. La plus grande partie de Saint-Amand est aujourd'hui à découvert.

gues acclamations se firent entendre au loin dans la plaine. Les soldats de Blücher, embusqués derrière le rideau de haies et d'arbres placés en avant du village, se tenaient immobiles, la main sur la détente de leurs fusils ; cependant les chants, les airs et les acclamations se rapprochaient ; bientôt ils arrivèrent plus distincts ; on put saisir les paroles ; le cri de *vive l'empereur* dominait ; les Prussiens, alors, devinrent plus attentifs. Tout-à-coup un feu roulant de mousqueterie éclate et couvre toutes les voix : c'était l'ennemi qui tirait à brûle-pourpoint sur nos soldats. Ceux-ci, loin de s'arrêter, s'élancent. L'église, son cimetière, les maisons les plus voisines sont immédiatement emportés. De ce point la lutte s'étend dans les jardins, dans les vergers. Chaque arbre, chaque fossé, chaque clôture sont attaqués et défendus ; on se fusille à bout portant. La rencontre d'une maison sous cet épais fourré où le soleil pénétrait à peine, était une bonne fortune pour les combattans : là, point de retraite possible ; on ne tirait pas, on se poursuivait, on luttait corps à corps, on se tuait à coups de baïonnette dans les chambres, dans les greniers, jusque dans les caves. Les Prussiens, malgré l'énergie de leur résistance, furent à la fin rejetés sur le ruisseau. La possession de ce mince filet d'eau, coulant au fond d'un fossé taillé à pic et dont les bords, sur toute l'étendue du village, n'ont pas moins de deux ou trois pieds d'élévation, devint l'objet d'efforts longs et acharnés. Nos soldats s'en étaient cependant rendus maîtres et déjà posaient le pied sur le plateau de Bry, lorsque Blücher, accouru de sa personne à la tête de plusieurs bataillons de sa réserve, réussit, par un violent effort, à rejeter nos régimens sur le bord opposé.

Tandis que ces combats se livraient sur la gauche de notre ligne, la lutte, à notre droite, n'était pas moins acharnée. Si la nature du terrain, à Saint-Amand, faisait obstacle à l'intervention de la cavalerie et de l'artillerie et ne laissait aux troupes engagées sur ce point que la ressource d'efforts pour ainsi dire individuels, il n'en était pas de même à Ligny, grand et fort village, où une large rue, de vastes enclos découverts, des fermes spacieuses, permettaient aux combattans de se mêler par masses nombreuses.

Le comte Gérard, nous l'avons dit, n'avait reçu son ordre de mouvement qu'à neuf heures et demie du matin. Les troupes du 4e corps que leur chef tenait prêtes depuis l'aube du jour se mirent aussitôt en marche et arrivèrent rapidement sur le champ de bataille. Gérard profita du moment où elles prenaient quelque repos pour reconnaître le terrain (1). Il apprit, en rentrant dans ses lignes, l'arrivée de l'empereur sur le champ de bataille. Le général se porta aussitôt près de Napoléon, qui se trouvait en ce moment dans la partie supérieure du moulin à vent dont nous avons parlé ; le général Gourgaud aperçut le chef du 4e corps ; il avertit l'empereur qui fit immédiatement monter Gérard : « Eh bien ! » Gérard, lui dit-il en le voyant, votre fa- » meux Bourmont est donc redevenu chouan ?

(1) Cette reconnaissance faillit coûter au chef du 4e corps la vie ou la liberté. Il venait de parcourir la plus grande partie de la plaine, accompagné du général Saint-Remy, son chef d'état-major, de plusieurs aides-de-camp et de quelques hussards du 6e, quand, arrivé à peu de distance des lignes prussiennes, un gros de cavalerie ennemie se dirigea sur lui. Le général et son escorte s'éloignèrent de toute la vitesse de leurs chevaux. Dans cette course rapide, faite sur un terrain coupé de fossés et couvert de blés très élevés et très épais, le cheval du comte Gérard s'abat et désarçonne son cavalier. A cette vue, tout ce qui accompagne le général fait volte-face et met le sabre à la main. L'ennemi arrive sur le groupe français ; on se mêle. L'aide-de-camp Lafontaine, après avoir tué deux lanciers prussiens et brisé son sabre sur un

» Davoust avait bien raison de me dire qu'au » moment du danger cet homme nous aban- » donnerait ! » Le général exprima ses regrets : « Il s'était si bien conduit jusque là, » disait le chef du 4e corps, que tout autre à » sa place aurait été également trompé. » L'empereur répéta alors le mot qu'il avait dit à ce sujet au maréchal Ney, *les blancs sont blancs, les bleus sont bleus ;* puis prenant en souriant le général par un de ses favoris, il le conduisit à la lucarne du moulin, et lui montrant du doigt le clocher de l'église de Ligny, il lui dit : « Monsieur le général en chef » du 4e corps, vous voyez bien ce clocher, au

---

troisième qu'il achève avec le tronçon, reçoit à bout portant une balle de pistolet dans les reins. Le général Saint-Remy, grièvement blessé de plusieurs coups de lance, ainsi que quelques hussards de l'escorte, est mis à son tour hors de combat. Au milieu de la mêlée, un autre aide-de-camp, le capitaine Duperron, emporté par un dévoûment assez rare, descend de cheval et veut faire monter le général à sa place. Mais l'animation des chevaux et des hommes est si grande, on se bat de si près, que Gérard ne peut parvenir à se remettre en selle. Cette lutte inégale aurait eu probablement une issue funeste, si un régiment de chasseurs, placé aux avant-postes et commandé par le fils du maréchal Grouchy, accourant aux coups de feu, ne fût venu dégager le général Gérard et sa petite troupe.

» delà du ravin, voilà votre point de direc-
» tion. Partez, et enlevez ce village. »

Le chef du 4e corps et ses soldats devaient justifier la confiance de l'empereur. Ce corps, on l'a vu, se composait de 12,000 hommes d'infanterie formant trois divisions commandées par les généraux Vichery, Pécheux et Hulot (en remplacement du général Bourmont), et d'une division de cavalerie aux ordres du général Maurin (1).

L'ennemi avait employé toute la matinée à créneler les maisons qui bordent le ravin venant de Saint-Amand et à semer d'obstacles le passage du ruisseau. Il fut attaqué par les troupes de Gérard avec une impétuosité qu'exaltait jusqu'à la frénésie la désertion accomplie au milieu d'elles la veille au matin; les Prussiens se défendirent avec fureur. Durant plusieurs heures les deux partis, tantôt vainqueurs, tantôt vaincus, jamais lassés et revenant toujours à la charge, se disputèrent

(1) L'ancienne division Bourmont portait le n° 14 (V. page 10); elle était composée de quatre régimens d'infanterie : le 9e léger, colonel Beonne; 44e de ligne, colonel Paulmi; 50e de ligne, colonel Lavigne; 111e de ligne, colonel Sauzet. Le chef d'escadron Bonaffos commandait l'artillerie; le capitaine Blives, le génie.

corps à corps, pied à pied la possession de chacune des positions qui couvraient le ruisseau et le ravin. L'artillerie, mêlant les coups de ses obus et de ses boulets à la mousqueterie des fantassins, jeta l'incendie dans plusieurs fermes placées à l'extrémité de Ligny. Les flammes furent impuissantes pour arrêter les efforts des soldats engagés dans ces édifices ; on les vit se fusiller, se poursuivre à la baïonnette, se frapper à coups de crosse au milieu des chambres, des granges et des écuries en feu. « Il semblait que chacun d'eux eût rencontré dans son adversaire un ennemi mortel et se réjouît de trouver enfin le moment de la vengeance. Nul ne demandait quartier » (1). Le village fût pris et repris quatre fois. « Ce combat peut être considéré » comme un des plus acharnés dont l'histoire » fasse mention, » a dit Blücher dans son rapport sur cette journée. — « Le comte Gérard » s'y couvrit de gloire et y montra autant d'in» trépidité que de talent, » ajoute Napoléon dans ses mémoires dictés à Sainte-Hélène.

En même temps que les 3e et 4e corps essayaient de forcer le passage aux deux extré-

(1) *Journal militaire autrichien.* — Vienne, 1819.

mités du ravin, entre ces deux points, au centre de la courbe, l'artillerie des deux armées, au nombre de deux cents pièces de chaque côté, échangeait leur feu, mais avec des résultats différens. Les régimens destinés à protéger nos batteries, masqués par des plis de terrain, n'éprouvaient aucun dommage ; ceux de l'ennemi, au contraire, réunis et disposés en amphithéâtre en avant de Bry, essuyaient des pertes énormes ; pas un de nos coups, au milieu de ces masses à découvert, n'était perdu.

Cependant la garde impériale restait immobile. Napoléon, l'attention toujours tendue vers les plaines, à la gauche de Bry, gardait cette troupe d'élite pour concourir, avec les régimens amenés ou envoyés par Ney, à la complète destruction de l'armée prussienne, destruction inévitable si une partie des forces du prince de la Moskowa, comme Napoléon l'espérait, prenait enfin Blücher à dos. A cinq heures rien ne venait encore, pas une nouvelle, pas le moindre bruit. Il pouvait y avoir péril à laisser plus long-temps les trente mille fantassins de Vandamme et de Gérard aux prises avec des forces trois fois plus nombreuses. Le général Gourgaud, chargé de suivre, comme aide-de-camp de l'empereur, l'attaque de Ligny, venait d'annoncer que les réserves du 4e corps étaient engagées jusqu'au dernier homme. Le jour, d'ailleurs, devait bientôt baisser. Napoléon se décida enfin à intervenir. A cinq heures et demie il donna ses ordres. La garde se mit en mouvement. A cet instant, plusieurs officiers dépêchés, par Vandamme, accourent à l'empereur et lui annoncent la présence, à la gauche du 3e corps, d'une colonne de vingt-cinq à trente mille hommes environ, infanterie, cavalerie, artillerie, qui se dirigeait vers Fleurus. Quel était ce corps d'armée? Ce ne pouvait être le détachement envoyé ou conduit par Ney, car les troupes de ce maréchal, parties des Quatre-Bras, seraient arrivées par une direction différente, et au lieu de descendre vers Fleurus, elles auraient débouché beaucoup plus haut, au delà de Bry, entre ce village et Ligny. Quels soldats composaient donc cette colonne? Ils étaient Anglais, affirmaient les officiers de Vandamme; on les avait positivement reconnus, disaient-ils, pour appartenir à cette nation; une division s'était déjà retirée devant eux, et si la réserve n'arrivait pas, le 3e corps serait obligé d'évacuer Saint-Amand et de battre en retraite. La marche de cette armée paraissait inexplicable à Napoléon ; elle avait donc passé entre Ney et Blücher, ou bien entre les Quatre-Bras et Charleroi ? Le mouvement commencé fut immédiatement suspendu ; la garde fit halte et dut se préparer à recevoir ces nouveaux adversaires. Pendant que Napoléon prenait ses dispositions dans ce but, des officiers de l'état-major-général se portèrent au galop dans la direction de la colonne inconnue. Au bout d'une heure ces officiers revinrent. Chose étrange ! cette colonne, qui tenait ainsi en éveil l'empereur et tous les généraux qui l'entouraient, était revenue sur ses pas ; et, après s'être arrêtée quelque temps près du champ de bataille, on l'avait vue s'éloigner, puis disparaître.

La bataille n'avait commencé qu'à trois heures. Une heure et demie venait encore de s'écouler dans l'inaction et dans une vaine attente. Un plus long retard pouvait compromettre le succès de la journée. A sept heures du soir, l'empereur reprit sa manœuvre. L'infanterie de la garde et une partie des cuirassiers Milhaut furent dirigés sur Ligny. Le reste des cuirassiers, les grenadiers à cheval et les dragons durent se porter sur St-Amand afin de gagner, à l'extrémité de ce village, la naissance du ravin et de balayer les masses prussiennes groupées près du moulin de Bry, sommité du plateau. Les troupes de Vandamme durent faire un violent et nouvel effort pour faciliter le passage de cette cavalerie; ce fut la division du général Girard que l'empereur chargea de cette opération (1). Girard, intrépide et noble cœur, déployant la brillante bravoure dont il avait donné tant de preuves dans le cours de sa carrière militaire, culbuta à la baïonnette tout ce qui voulut s'opposer à sa marche; il franchissait le ravin et s'élançait sur le plateau lorsqu'il tomba mortellement blessé (2).

Blücher, à la vue des troupes de sa droite se retirant en désordre devant les soldats de Girard, rassemble quelques escadrons pour arrêter ceux-ci. Dans ce moment, la brigade de cuirassiers qui venait de traverser Saint-

(1) La division Girard formait la 4e du 2e corps (Reille). Comme elle avait campé, durant toute la nuit, à Heppignies, près de Saint-Amand, l'empereur l'avait détachée le matin de *l'aile gauche* dans le but de tourner ce dernier village. Cette division tenait l'extrême gauche de Vandamme, et l'infanterie de ce dernier, par cette adjonction, se trouvait portée de 13,000 hommes à 18,000.

(2) Le général Girard, blessé de deux balles dans le corps à Lutzen, n'avait pas voulu se retirer, et était resté avec ses troupes jusqu'à la fin de la bataille.

Amand, débouchait à la naissance du ravin. Ces deux régimens s'élancent sur la cavalerie du feld-maréchal, la désorganisent et la sabrent. Blücher veut rallier ses soldats ; il est renversé de cheval. Nos escadrons lui passent sur le corps ; ils sont ramenés : une seconde fois Blücher, toujours étendu sous sa monture, est foulé par eux ; les cavaliers prussiens qui les poursuivent, et que l'obscurité empêche de reconnaître leur général, le touchent à leur tour du pied de leurs chevaux. Blücher, tout meurtri, et après être resté durant un quart d'heure au pouvoir de nos troupes, peut enfin se dégager quand elles sont éloignées. Mais s'il rejoint les siens, c'est pour voir leur défaite. Les soldats du comte Gérard (4e corps), soutenus par l'infanterie de la garde, appuyés par des charges de cavalerie que conduisent les généraux Excelmans et Pajol, venaient de forcer tous les passages, d'emporter Ligny et de franchir à leur tour le ravin. Une fois le plateau envahi sur deux points, les Prussiens essayèrent vainement de tenir. Abordés à la baïonnette par l'infanterie, sabrés par la cavalerie, écrasés, ils lâchèrent pied partout, et, à neuf heures du soir, se retirèrent en désordre sur Sombref. Moins de soixante mille hommes venaient d'en battre quatre-vingt-quinze mille. La bataille de Ligny était gagnée (1).

Ney, à moins de trois lieues de là, aux Quatre-Bras, ne devait pas avoir le même succès. Ce fut entre onze heures et demie et midi que ce maréchal reçut, à Frasnes, les ordres envoyés de Fleurus par la voie de l'état-major-général et par M. de Flahaut. Le prince de la Moskowa ignorait le nombre et la force des troupes anglaises placées devant lui. Il ne voulut rien tenter de sérieux avant l'arrivée du premier corps resté la veille au soir et le matin entre Marchienne et Gosselies,

(1) Blücher tomba de cheval près d'un moulin à vent, dit le *Moulin de Bry*. Voici en quels termes son major-général Gneizenau raconte cet incident dans son rapport officiel sur la journée du 16 : « Une charge de cavalerie qu'il conduisait (Blücher) ne réussit point, et la cavalerie ennemie le poursuivit vigoureusement. Son cheval, ayant été atteint d'un coup de mousquet, tomba mort. Le feld-maréchal, étourdi de sa chute, resta engagé sous son cheval. Le danger était grand ; mais la Providence veillait sur nous. L'ennemi, continuant sa charge, passa rapidement près du feld-maréchal sans le voir. Un moment après, une seconde charge de cavalerie repoussa l'ennemi, qu passa avec la même rapidité sans remarquer davantage le feld-maréchal. Ce ne fut pas sans difficulté qu'on le releva de dessous son cheval mort ; il s'éloigna sur le cheval d'un dragon. »

et auquel il venait d'envoyer l'ordre de le joindre. Le maréchal se contenta de déployer ses tirailleurs; il avait alors avec lui les trois divisions d'infanterie, Foy, Guilleminot et Bachelu (1), les deux divisions de cavalerie Jacquinot et Piré, et le corps de cuirassiers commandé par le général Kellermann; en tout vingt-deux mille hommes environ de toutes armes, et cinquante-six pièces de canon. Ces forces, à ce moment, étaient plus que suffisantes pour culbuter ce que Ney avait devant lui et pour enlever les Quatre-Bras; le moindre effort lui aurait donné cette position.

Les Quatre-Bras, durant toute la nuit, avaient été gardés par la seule brigade du prince de Saxe-Weimar, chassée la veille au soir de Frasnes; vers six heures du matin un bataillon de chasseurs hollandais et un bataillon de milice la renforcèrent; à dix heures, le prince d'Orange amena de Nivelles le reste de la seconde brigade de la division hollan-

(1) La 4e division d'infanterie du 2e corps, la division Girard, avait été détachée le matin par l'empereur, comme on l'a vu dans une note précédente, pour tenir à Saint-Amand l'extrême gauche du corps de Vendamme.

daise Perponcher(1). L'ennemi, à cette heure de la matinée, put compter 8,000 hommes; mais cette force, jusqu'à deux heures et demie de l'après-midi ne devait pas être augmentée d'un seul peloton. Les 8,000 hommes du prince d'Orange, attaqués vers midi, nous venons de le dire, par un simple rideau de tirailleurs, purent se maintenir sans efforts dans la partie de la forêt de Nivelles qui couvrait leur position (2).

---

(1) La division hollandaise, commandée par le lieutenant-général Perponcher, cantonnée à Nivelles, à Genape, à Frasnes et dans les villages intermédiaires, se composait de deux brigades fortes chacune de 4,000 hommes et d'une batterie d'artillerie. Ces brigades étaient placées sous les ordres du prince Bernard de Saxe-Weimar et du major-général Van-Byland.

(2) La forêt de Nivelles se prolongeait, entre Frasnes et les Quatre-Bras, jusqu'à la chaussée de Namur. Cette forêt, dont douze cents bonniers (trois mille arpens) furent donnés par le roi Guillaume au duc de Wellington, comme une récompense de sa victoire de Waterloo, fut vendue, après 1815, par le gouvernement des Pays-Bas Les acquéreurs l'ont défrichée; elle n'existe plus. Il est difficile, lorsqu'on ignore ce détail, de comprendre, à l'aspect actuel de ces lieux, la longue inaction de Ney et même l'impuissance de ses premiers efforts. Une fabrique, deux fermes et une auberge, assises sur le point culminant d'un plateau

L'empereur, en confiant la veille à Ney les troupes de son *aile gauche* et en lui ordonnant de se porter immédiatement sur les cantonnemens anglais, avait compté sur l'ancienne impétuosité de ce maréchal. Mais, poursuivi par le souvenir de ses emportemens de Fontainebleau et de ses brusques transitions lors du retour de l'île d'Elbe ; convaincu que la moindre faute devait emprunter à son passé une gravité exceptionnelle, il avait pris une telle défiance de lui-même que, redoutant de mal faire, il n'osait rien hasarder. Comme tous les caractères faibles, il se tenait dans les extrêmes ; et si, comme soldat, il restait le brave des braves, comme chef, et lorsque l'empereur avait précisément calculé sur sa fougue et sur son audace, la circonspection qu'il s'était imposée devenait presque de la timidité (1). Ney d'ail-

---

complètement nu et d'où le regard n'embrasse que des terres labourables, voilà quelle est aujourd'hui la position des Quatre-Bras. — La plupart des narrations donnent à la partie de la forêt de Nivelles, qui s'étendait entre Frasnes et les Quatre-Bras, le nom de ***Bois de Bossu***.

(1) Des circonstances toutes matérielles et dont il faut tenir grand compte, ont, en outre, influé sur les tâtonnemens du maréchal. Arrivé en poste de Paris à Charleroi, la veille, sans officiers, sans équipages, même sans chevaux, Ney, ainsi pris à

leurs, pour se révéler, avait besoin de l'excitation du feu de la bataille. C'était un de ces rares courages à qui le sang-froid n'arrive, dont les facultés ne s'épanouissent qu'au bruit des détonations de l'artillerie. Aussi, quand vers trois heures un quart de l'après midi, lorsque depuis la veille sept heures du soir, depuis vingt heures, ses troupes se tenaient arrêtées à moins de 2,000 toises des Quatre-Bras, le maréchal entendit sur sa droite la furieuse canonnade de Ligny, il redevint lui-même; son énergie se réveilla, il retrouva de la décision, et, bien que la moitié de ses forces seulement fût sous sa main, il aborda franchement l'ennemi. Ses troupes étaient pleines d'ardeur et d'enthousiasme. Ce fut la division Foy qui commença l'attaque. Les tirailleurs et les avant-postes du prince d'Orange, vigoureusement abordés par elle, se

---

l'improviste, fut obligé de se former un état-major en quelques heures et de le composer au hasard. Jamais, en outre, il n'avait vu les divisions placées sous son commandement; il en connaissait à peine quelques chefs et ne savait rien de l'emplacement qu'elles occupaient. Si le 1er et le 2e corps eussent été sous les ordres du prince de la Moskowa depuis plusieurs jours, s'il eût dirigé leurs mouvemens antérieurs, il est fort probable que ce maréchal aurait occupé les Quatre-Bras dès le 15 au soir.

replièrent ; mais ce qui n'offrait aucun obstacle jusqu'à deux heures et demie, ce qui resta possible depuis deux heures et demie jusqu'à quatre, devint hors du pouvoir du maréchal à partir de ce dernier moment.

La veille au soir, Wellington était encore dans la sécurité la plus profonde. L'armée française manœuvrait depuis trois jours à portée de ses avant-postes ; elle avait, depuis vingt-quatre heures, commencé les hostilités, et le quartier-général impérial était depuis douze heures à Charleroi lorsque le général anglais connut l'irruption de Napoléon en Belgique (1). Cette nouvelle le surprit à

(1) Le jour où Napoléon entrait en Belgique, le duc de Wellington adressait à l'empereur Alexandre une longue dépêche dans laquelle il discutait un plan d'invasion contre la France, proposé par le général Toll. Loin de soupçonner l'attaque que Napoléon, dans ce moment-là même, faisait contre ses avant-postes, le duc paraissait convaincu que la France se tiendrait sur la défensive, et que les alliés, en entrant sur notre territoire, ne rencontreraient de résistance que devant les places fortes et au passage des rivières. Tous les efforts de notre défense du côté de la Belgique lui semblaient devoir être concentrés sur la ligne de l'Aisne. Cette dépêche, datée de *Bruxelles, le* 15 *juin* 1815, est écrite en français, et porte le n° 947 dans la Collection des *dépêches et ordres du jour* de Wellington, édition de Bruxelles.

Bruxelles, la nuit, au milieu d'une fête donnée par sa compatriote la duchesse de Richemond (1). En un instant les salons de la duchesse sont déserts. Les officiers, encore en costume de bal, courent rejoindre leur corps. Wellington, déployant une rare activité, donne des ordres, expédie des courriers, assignant pour rendez-vous à toutes ses divisions la position des Quatre-Bras. A mesure que chaque brigade ou que chaque régiment est averti, les soldats prennent les armes et se mettent en marche. Chacun se hâte. Le duc lui-même, quand tous ses ordres sont partis, se porte à franc-étrier sur le point de la réunion. Ce fut vers une heure de l'après-midi qu'il arriva aux Quatre-Bras, suivi seulement de quelques aides-de-camp. A l'aspect de la faiblesse des détachemens réunis sur la position, il dit au prince d'Orange, ac-

(1) Lord Wellington causait, dans l'embrasure d'une fenêtre, avec le duc de Brunswick, lorsqu'on lui annonça la nouvelle ; il devint très pâle. Le duc de Brunswick (tué le lendemain), soulevé par une sorte de secousse électrique, se leva si précipitamment, qu'il laissa glisser sur le parquet un jeune enfant qui jouait sur ses genoux. L'enfant qui se trouvait en tiers dans cette scène est le prince de Ligne, aujourd'hui (1844) ambassadeur de Belgique à Paris.

couru pour le recevoir : « Si l'ennemi a plus » d'une division, nous ne pourrons jamais te- » nir. » A quelques instans de là, examinant, à l'aide d'une longue-vue, les positions occupées par nos troupes, il dit de nouveau au prince d'Orange : « J'ai fait la guerre contre » les Français en Espagne assez long-temps » pour connaître leurs habitudes et leur or- » ganisation. Ce n'est pas un simple général » de division qui commande ; je vois trop » d'officiers d'état-major... C'est un maréchal, » un corps d'armée que nous avons devant » nous... S'il attaque, nous sommes perdus. » N'importe ! ajoute-t-il, il faut tenir ici jus- » qu'au dernier. C'est la clef de la position. » Tous les officiers montés qui l'entourent, de simples cavaliers même sont dépêchés dans toutes les directions. « Dites qu'on arrive ! » s'écrie-t-il ; que pas un corps n'attende l'au- » tre ! Il ne s'agit pas d'avancer par divisions » ou par brigades. Faites marcher bataillon » par bataillon, compagnie par compagnie ! » Même à ce moment, encore une fois, le moindre effort donnait à Ney les Quatre-Bras ; mais, attendant toujours la venue du 1er corps, les divisions alors réunies autour de lui restaient déployées sans attaquer. A chaque instant Wellington croyait les voir s'ébranler ;

durant plus de deux heures son anxiété fut cruelle. Enfin, vers deux heures et demie, ses détachemens les premiers partis le joignirent. Ce fut la division anglaise du général Picton qui parut la première ; les troupes du duc de Brunswick arrivèrent ensuite ; puis le contingent de Nassau. De minute en minute, pour ainsi dire, les régimens se succédaient. En moins de deux heures, les troupes anglo-belges réunies aux Quatre-Bras furent portées de 8,000 hommes à 50,000.

L'énergie de Ney, une fois la lutte entamée, grandit avec le nombre de ses adversaires. Après avoir culbuté les régimens de Nassau, il jeta le 1er de chasseurs et le 6e lanciers sur la division brunswickoise ; cette division, enfoncée et sabrée, fut obligée de se retirer dans le plus affreux désordre ; son chef, le duc régnant de Brunswick, fut tué. Les trois bataillons du 42e écossais, formés en carrés et chargés par une des brigades des cuirassiers Kellermann, furent enfoncés à leur tour et presque taillés en pièces ; le colonel fut tué, le drapeau pris. Ney, dans ce moment, poussait son attaque avec furie. Il crut tenir la victoire : son infanterie, après avoir chassé l'ennemi de la plus grande partie du bois, touchait à la ferme des Quatre-Bras, lorsque deux nouvelles divisions anglaises, arrivant au pas de course par la route de Nivelles, vinrent soudainement arrêter nos soldats, puis les rejeter sur leurs premières positions.

Le maréchal envoya sur-le-champ au premier corps qu'il croyait enfin arrivé à Frasnes, l'ordre d'avancer. A cette heure de la journée, avec ce renfort de vingt mille hommes et un chef tel que Ney, l'occupation des Quatre-Bras était certaine; mais Drouet-d'Erlon ne devait pas arriver. Le maréchal se tenait debout au milieu du feu croisé des batteries anglaises, attendant avec une impatience fiévreuse l'arrivée du premier corps, lorsque le général Labédoyère, puis le général Delcambre se présentent et lui annoncent que Drouet-d'Erlon et son armée ont quitté la route des Quatre-Bras et que, rétrogradant vers le champ de bataille de l'empereur, ils doivent en ce moment se trouver à plusieurs lieues des positions du maréchal. A cette nouvelle, Ney sembla frappé de stupeur : il se voyait privé de la moitié de ses forces et n'avait plus un seul homme d'infanterie en réserve. Deux régimens de cuirassiers appartenant au corps de Kellermann étaient la seule troupe dont il pût disposer (1). «Voyez-vous ces boulets! s'écria-t-il avec un sombre désespoir, en montrant les projectiles qui volaient autour de lui, je voudrais qu'ils m'entrassent tous dans le corps!» Il court au comte de Valmy (Kellermann): « Mon cher général, lui dit-il, il s'agit ici du » salut de la France; il faut un effort extraor- » dinaire; prenez votre cavalerie, jetez-vous » au milieu de l'armée anglaise et enfoncez- » la; je vous ferai soutenir par Piré.» Kellermann se tourne sur-le-champ vers ses cuirassiers, leur crie: *chargez!* et se précipite tête baissée avec eux sur les rangs les plus épais de l'ennemi. Le 69e régiment d'infanterie britannique est immédiatement culbuté; les batteries sont enlevées et les cuirassiers traversant deux lignes, arrivent jusqu'à la ferme des Quatre-Bras. Mais là, les réserves de l'infanterie anglaise, hollandaise et belge accueillent Kellermann et ses cavaliers avec un feu si meurtrier qu'ils sont obligés de s'arrêter. Le cheval de Kellermann est tué, et ce gé-

(1) Le corps des cuirassiers Kellermann se composait de quatre brigades; une seule était alors près du maréchal; une seconde se battait sur un point différent du champ de bataille; les deux autres (division Roussel) avaient été laissées par le maréchal à Frasnes, afin d'y rallier les troupes du 1er corps (Drouet-d'Erlon).

néral, demeuré un moment au milieu des Anglais, ne se dégage qu'à grand'peine.

La charge que les cuirassiers venaient de fournir avait électrisé notre infanterie; elle s'était élancée à leur suite et avait pénétré aussi loin qu'eux. Elle touchait pour la seconde fois aux Quatre-Bras, lorsque la division des gardes anglaises et celle du général Alten, arrivant à leur tour à marche forcée, donnèrent à Wellington une supériorité de forces si grande que nos fantassins furent encore une fois contraints de se replier.

En même temps que Kellermann avait donné le signal de la charge, Ney avait fait voler le général Delcambre sur les traces du comte d'Erlon, avec ordre de lui enjoindre de rétrograder sur-le-champ quels que fussent les ordres que l'empereur lui eût transmis.

Jusqu'à ce jour, les causes du double mouvement rétrograde du premier corps sont restées fort ignorées. L'empereur lui-même ne les connut jamais. Il supposait à Sainte-Hélène que le comte Drouet-d'Erlon, arrêté dans sa marche sur Frasnes par le bruit de l'artillerie de Ligny, avait marché au canon. Quelques écrivains, d'un autre côté, ont dit que ce général avait été appelé *directement* par Napoléon; d'autres, adoptant cette opinion, ont ajouté que cet ordre direct avait été porté par le colonel Laurent, de l'état-major-général. Ce colonel a pu se trouver chargé d'un des ordres envoyés par le major-général au chef de l'*aile gauche;* mais il ne fut pour rien dans le mouvement; voici en quels termes le comte d'Erlon lui-même a raconté les faits:

« Vers onze heures ou midi, M. le maréchal Ney m'envoya l'ordre de faire prendre les armes à mon corps d'armée et de le diriger sur Frasnes et les Quatre-Bras, où je recevrais des ordres ultérieurs. Mon armée se mit donc immédiatement en marche.

» Après avoir donné l'ordre au général qui commandait la tête de colonne de faire diligence, je pris l'avance pour voir ce qui se passait aux Quatre-Bras où le corps d'armée du général Reille me semblait engagé. Je m'arrêtai au delà de Frasnes avec des généraux de la garde, et j'y fus joint par le général Labédoyère qui me fit voir une note au crayon qu'il portait au maréchal Ney, et qui enjoignait à ce maréchal de diriger mon corps d'armée sur Ligny. Le général Labédoyère me prévint qu'il avait déjà donné l'ordre pour ce mouvement en faisant changer de direction à ma colonne et m'indiqua où je pourrais la rejoindre. Je pris aussitôt cette route et envoyai au maréchal mon chef d'état-major, le général Delcambre, pour le prévenir de ma nouvelle destination.»

La jonction du premier corps avec les autres troupes de Ney, à l'heure tardive où ce corps avait quitté la route de Frasnes, était sans influence possible sur le succès de la campagne. Sans doute, l'absence de ces dix-huit ou vingt mille hommes devait empêcher le prince de la Moskowa d'emporter les Quatre-Bras; mais, dans la pensée du chef, la conquête de cette position, à ce moment, n'avait plus qu'un but, permettre au prince de la Moskova de faire, sur Ligny, le *détachement*, si vivement sollicité, si impatiemment attendu; en d'autres termes, l'effort de Ney, à cet instant, était secondaire; il ne pouvait lui arriver pis, dans tous les cas, que de rester sur ses positions. C'était à Ligny, non aux Quatre-Bras, qu'était le sort de la journée; en se portant sur le premier de ces deux champs de bataille, le 1er corps devait donc le décider.

Le général Drouet-d'Erlon se trompa d'abord de chemin; au lieu d'arriver droit sur Bry, il descendit plus bas, et, longeant le champ de bataille, il avait marché sur Fleurus. Le chef du premier corps n'avait pas tardé à reconnaître son erreur de route ; il revint sur ses pas et s'établit enfin derrière Bry, assez près des Prussiens pour que les détachemens formant sa tête de colonne pussent distinctement apercevoir les numéros peints sur les sacs de l'infanterie prussienne placée en position sur ce point. Les pièces furent mises en batterie ; on allait tirer. En ce moment le général Delcambre arrive près du chef du premier corps et lui transmet les ordres si impératifs, si absolus du prince de la Moskowa ; il était alors six heures du soir.

D'Erlon, pour obéir aux injonctions de son chef immédiat, avait trois heures de nouvelle marche à faire et ne pouvait joindre Ney qu'à l'entrée de la nuit, lorsque toute lutte aux Quatre-Bras aurait nécessairement cessé. Placé au contraire, comme il l'était, sur le champ de bataille de Napoléon, derrière les Prussiens qu'il prenait à dos et dont l'infanterie était rangée devant lui, il suffisait a ce général de prononcer le commandement de *feu!* pour intervenir d'une manière décisive. Un instant il hésita ; puis, emporté par un sentiment exagéré de l'obéissance militaire, il fit relever son artillerie, ordonna demi-tour à ses régimens, quitta ses positions et reprit, avec son armée, le chemin qu'il avait déjà suivi. Cette armée était la colonne inconnue, aperçue par Vandamme. Sans cette faute, la plus lourde de toute cette guerre, Blücher se trouvait cerné entre Bry, Saint-Amand et Ligny par l'armée impériale renforcée des vingt mille hommes de d'Erlon et des onze mille soldats du comte de Lobau que Napoléon, dans la prévision de cette manœuvre, tint toute la journée inactifs; les trois corps prussiens, ainsi que l'espérait l'empereur, eussent été, non pas défaits, mais détruits; l'armée prussienne posait les armes.

Il était neuf heures du soir quand le comte d'Erlon se présenta de sa personne sur les positions de Ney, laissant en arrière ses troupes que ces contre-marches avaient fatiguées, et ayant ainsi promené dix-huit ou vingt mille hommes et quarante-six pièces de canon, entre deux champs de bataille, de la gauche à la droite et de la droite à la gauche, sans autre résultat que de retarder d'une heure et demie la défaite des Prussiens et d'empêcher l'empereur de la compléter par une poursuite que la nuit rendit impossible. Le maréchal Ney, ainsi que le chef du 1er corps devait s'y attendre, venait de cesser le combat (1).

(1) Le comte Drouet-d'Erlon, dans la lettre déjà

Aux Quatre-Bras, la lutte, comme à Ligny, avait été opiniâtre, furieuse. La route, à travers le bois, disparaissait littéralement sous les corps des hollandais et des écossais, et sous les cadavres de nos braves cuirassiers. Notre perte, sur ce point, fut de trois mille quatre cents hommes; celle des Anglo-Hollandais, officiellement constatée, s'éleva à neuf mille hommes. L'artillerie et la cavalerie de Wellington n'avaient pu marcher aussi vite

---

citée, complète en ces termes l'explication de sa double contre-marche :

« ..... M. le maréchal Ney me renvoya mon chef d'état-major (le général Delcambre) en me prescrivant impérativement de revenir sur les Quatre-Bras où il s'était fortement engagé, comptant sur la coopération de mon corps d'armée. Je devais donc supposer qu'il y avait urgence, puisque le marechal prenait sur lui de me rappeler quoiqu'il eût reçu la note dont j'ai parlé plus haut. J'ordonnai en conséquence à la colonne de faire contre-marche; mais, malgré toute la diligence qu'on a pu mettre dans ce mouvement, ma colonne n'a pu paraître en arrière des Quatre-Bras qu'à l'approche de la nuit.

» Le général Labédoyère avait-il mission pour faire changer la direction de ma colonne avant que d'avoir vu le maréchal Ney? Je ne le pense pas. Dans tous les cas, cette circonstance a été cause de toutes les marches et contre-marches qui ont paralysé mon corps d'armée pendant la journée du 16. »

que son infanterie; elles n'arrivèrent pour ainsi dire qu'après le combat; Ney, au contraire, avait une cavalerie relativement nombreuse, et tirait avec cinquante pièces de canon. De là, la disproportion entre le chiffre des morts des deux partis.

Le même résultat se fit remarquer à Ligny. Notre perte totale sur ce champ de bataille fut de six mille neuf cent cinquante hommes tués ou blessés; celle des Prussiens s'éleva à près de vingt-cinq mille hommes. La position des deux armées et les ravages inégaux de leur artillerie, expliqués plus haut, n'étaient pas la seule cause de cette différence, elle tenait encore à l'espèce de furie qui animait nos soldats; ils ne faisaient pas de prisonniers; ils tuaient. Vers les huit heures, le ravin en face de St-Amand et de Ligny avait pour ainsi dire disparu sous les cadavres qui le comblaient. On y voyait quatre Prussiens pour un Français. Blücher, en parlant de ce combat comme de l'un des plus acharnés dont l'histoire fasse mention, n'exagérait pas. Nos généraux ressentirent la même impression; l'acharnement avec lequel on se battit fit frémir ceux-là même qui étaient le plus habitués à contempler de sang-froid les horreurs de la guerre. La garde était entrée dans Ligny aux cris

L. Dujardin Sc.

F. Grenier

Sire ! accourez vite à la division ! le général harangue les dragons pour passer à l'ennemi !

de *vive l'empereur! point de quartier!* La division Girard, lorsqu'elle eut épuisé ses munitions dans l'effort où son chef perdit la vie, demandait à grands cris *des cartouches et des Prussiens!*

Quelques incidens étranges, résultat fatal à la fois des souvenirs laissés dans l'armée par la défection du 6e corps (1), et de la désertion de M. de Bourmont, dont la nouvelle avait fait la veille et le matin l'entretien de tous les régimens, marquèrent cette sanglante journée.

Les soldats soupçonnaient le patriotisme et la fidélité de plusieurs généraux; ces chefs pour eux étaient des royalistes qui n'attendaient que le moment de passer à l'ennemi. Dans leur défiance, ils étaient attentifs à tous les mouvemens; toute manœuvre qu'ils ne comprenaient pas les inquiétait et prenait à leurs yeux le caractère d'une trahison. Lorsque les premiers coups de fusil furent tirés à Saint-Amand, un vieux caporal de la garde s'approcha de l'empereur et lui dit: « Sire, » méfiez-vous du maréchal Soult; soyez certain qu'il *nous* trahit. — Sois tranquille, lui » répondit l'empereur, j'en réponds comme de

(1) Le 5 avril 1814. V. le 1er volume de l'HISTOIRE dont cette *relation* est tirée, chap. VIII.

» moi. » Lorsqu'on vint annoncer à Vandamme la présence de la colonne inconnue qui se montrait sur sa gauche, ce général se porta au galop dans la direction indiquée, afin de reconnaître cette troupe. Un officier accourut vers le maréchal Soult et lui annonça que Vandamme venait de passer à l'ennemi. « Tous les » soldats, ajoutait-il, demandent à grands cris » qu'on en instruise l'empereur. » Sur la fin de la bataille, un dragon, le sabre tout dégouttant de sang, accourut à Napoléon en criant : « Sire ! venez vite à la division ! le général » Maurin harangue les dragons pour passer à » l'ennemi. — L'as-tu entendu ? — Non, » Sire ; mais un officier qui vous cherche l'a » vu et m'a chargé de vous le dire. » Pendant ce temps, le brave général Maurin, après avoir repoussé une charge ennemie, était grièvement blessé par un boulet de canon. Durant quatre jours, ces malheureuses préoccupations de trahison devaient planer, comme une lueur funèbre, sur toute cette armée et précipiter la dernière heure de Waterloo (1).

---

(1) A Waterloo, comme à Ligny, les soldats, dès qu'ils apercevaient un général ennemi, s'appelaient dans les rangs et se le montraient en criant : « Voilà le général .... » Le nom qu'ils prononçaient était celui du premier général français qui

Les soldats de tous les corps et de toutes les armes, dans cette double bataille, furent dignes de la cause qu'ils défendaient et de leur ancienne gloire. Mais les généraux, nous parlons des plus élevés, n'étaient plus les hommes des précédentes guerres. On sait les hésitations de Ney et la lourde faute de d'Erlon ; Vandamme ne fut pas à la hauteur de ses troupes ; elles se montrèrent pleines d'enthousiasme et de feu ; il fut mou et indécis. Jetés malgré eux au milieu des hasards de nouveaux champs de bataille, alarmés par la désertion de la veille, indice, à leurs yeux, d'événemens fatals à la cause impériale ; ralliés, du moins quelques uns, à des intérêts différens de ceux pour lesquels combattait l'armée, ces chefs étaient hésitans et semblaient vouloir se hasarder ou se compromettre le moins possible. Parmi les hauts généraux, un seul se montra non pas égal, mais supérieur à sa réputation. Si le 16, le comte Gérard soutint à Ligny le principal effort des Prussiens avec un courage et un talent hors

leur venait à la mémoire ; ils le couvraient d'imprécations. Dans leur conviction, ce n'était pas un général, mais dix généraux qui avaient passé à l'ennemi ; on cachait leurs noms à l'armée, disaient-ils, afin de ne pas la décourager.

ligne, le 18, on le verra, il ne devait pas dépendre de lui de changer la défaite en un éclatant triomphe. Le nom de ce général, dans l'histoire de cette courte campagne, doit se placer après celui de l'empereur.

La victoire de Ligny laissa Napoléon mécontent. « Si le maréchal Ney, disait-il, avait » attaqué de bonne heure les Anglais avec » toutes ses forces, il les aurait écrasés et se» rait venu donner le coup de grâce aux Prus» siens ; et si après cette première faute, il » n'en eût pas commis une seconde en arrê» tant le mouvement du 1er corps, l'interven» tion du comte d'Erlon aurait abrégé la ré» sistance de Blücher et rendu sa défaite irré» parable ; toute son armée aurait été prise » ou détruite (1). »

Le soir de cette journée, les trois corps de Ziéthen, de Pirch et de Thielmann purent se rallier à une lieue et demie de Ligny, vers Gembloux, derrière le corps de Bülow qui venait d'arriver à marche forcée de ses cantonnemens dans le pays de Liége. L'empereur, avec l'aile droite, sa garde et le 6e corps, campa sur le champ de bataille ; Ney resta dans ses positions de Frasnes.

---

(1) *Mémoires* de Fleury de Chaboulon.

Journée du 17. — De nouvelles lenteurs devaient succéder, ce jour-là, aux retards des deux journées précédentes.

Le maréchal Ney avait encore reçu dans la nuit l'ordre de renouveler à la pointe du jour l'attaque des Quatre-Bras. Il fut prévenu que le comte de Lobau avec deux divisions d'infanterie de son corps, la cavalerie légère de la garde et les cuirassiers Milhaut, le seconderait en attaquant le flanc gauche des Anglais par la chaussée de Namur. Mais Ney, comme la veille, ne devait s'ébranler que très tard; à onze heures ses soldats étaient encore dans leurs bivouacs. Il en fut de même des différens corps placés sous le commandement direct de l'empereur et sous celui du maréchal Grouchy; tous, moins le corps de Lobau (6e), resté inactif la veille, et qui se porta de bonne heure sur Marbais, n'avaient encore reçu aucun ordre à dix heures. Les soldats murmuraient de ce repos dont ils ignoraient les motifs; ils interrogeaient leurs officiers, interpellaient les généraux : l'énergie et l'activité semblaient s'être réfugiées dans leurs rangs (1). L'empereur, à la vérité, avait eu

(1) Les habitans de Saint-Amand racontent que le matin du 17, un groupe de généraux étant venu

d'abord le projet de mettre toutes les troupes en marche dès le lever du soleil et d'attaquer vigoureusement les Anglais en même temps qu'il ferait poursuivre, sans lui donner de relâche, l'armée prussienne. L'ordre transmis à Ney était le résultat de cette pensée; mais, placé en présence de deux armées ennemies dont il ignorait la position et les mouvemens, il lui était difficile d'arrêter la moindre disposition avant de connaître avec certitude, soit le point où elles se tenaient arrêtées, soit la direction qu'elles suivaient ou qu'elles semblaient prendre. A neuf heures Napoléon attendait encore des nouvelles du maréchal Ney. Impatient de ces retards, il dirigea un fort détachement de cavalerie sur les Quatre-Bras avec ordre de venir lui rendre compte, sur le plateau de Bry, de ce qu'on aurait vu ou appris de ce côté, et envoya différens officiers chercher le rapport des chefs de corps envoyés le matin à la poursuite des Prussiens. Ces soins pris, il quitta Fleurus pour

---

à traverser le village, les soldats les poursuivaient de ces cris : «Nous avons fait la soupe à la pointe du jour afin *d'entrer plus tôt en danse*, et voilà quatre heures qu'on nous laisse sans rien faire! Pourquoi ne se bat-on pas? Il y a encore quelque chose là-dessous! »

se rendre sur le champ de bataille. Napoléon était en voiture. La difficulté du chemin, les sillons et les fossés qui coupaient la campagne dans toutes les directions, l'obligèrent bientôt de monter à cheval. Arrivé à Saint-Amand, il se fit conduire sur le théâtre des principaux engagemens de la veille, s'arrêtant à chaque pas, faisant relever et encourageant les blessés encore étendus sur le terrain. A mesure qu'il avançait, chaque régiment se formait sans armes sur le terrain où il était bivouaqué et saluait sa venue par les acclamations les plus enthousiastes. L'empereur passait lentement sur le front de tous les détachemens, interrogeait les chefs, complimentait les soldats sur leur élan et sur leur bravoure. Cette revue terminée, Napoléon mit pied à terre et s'entretint avec les généraux qui l'entouraient, attendant le retour du détachement et des officiers que de Fleurus il avait dirigés vers les Quatre-Bras et vers Gembloux. A midi le détachement revint; les officiers ne tardèrent pas également à arriver. Quand il eut entendu tous les rapports, il put enfin arrêter les mouvemens des différens corps et les dispositions de la journée. Les troupes de la garde se mirent immédiatement en marche pour Marbais où devait déjà se trouver le comte de Lobau; la division Girard, réduite à près de moitié par les combats de la veille, fut laissée à Saint-Amand et à Ligny, et le maréchal Grouchy, ayant sous ses ordres les deux corps des comtes Vandamme et Gérard (3e et 4e), ainsi que la cavalerie des généraux Excelmans et Pajol, fut chargé de poursuivre les Prussiens et de compléter leur défaite. Lorsque tous les ordres furent expédiés, l'empereur remonta à cheval, et, se dirigeant vers les troupes du 6e corps qu'il joignit à Marbais, il se porta immédiatement sur les Quatre-Bras.

L'armée, par suite de ces dispositions, se trouvait encore une fois divisée en deux parties ainsi composées :

Route de Bruxelles.

AILE GAUCHE, CENTRE ET RÉSERVES. — L'EMPEREUR.

1er *corps*, 18,640 h.; 2e *corps*, 23,530 h.; 6e *corps*, 11,770 h.; *garde impériale*, troupes de toutes armes, 18,520 h.; *cuirassiers* Kellermann et Milhaut (3e et 4e corps de cavalerie), artilleurs compris, 5,690 h.

Total........................... 78,150 h.

Mais il faut déduire de ce dernier chiffre, qui représente le total de la force de chaque corps à l'ouverture de la campagne (1) :

---

(1) Voir, pour le détail des forces de chaque corps, page 9 de cette relation.

1° La division Girard du 2e *corps*, laissée à Saint-Amand et à Ligny, et qui s'élevait l'avant-veille à.	5,000 h.	12,600 h.
2° La division Teste, détachée du 6e *corps* et donnée au maréchal Grouchy pour remplacer les pertes faites la veille par les 3e et 4e corps.	4,000	
3° Les pertes du maréchal Ney aux Quatre-Bras. .	3,400	
4° Les pertes de la garde impériale et des cuirassiers Milhaut, à Ligny, environ. .	200	

Total des troupes conduites par l'empereur contre l'armée anglaise........ 65,550 h.
Canons.......... 242.

Route de Wavres.

AILE DROITE. —Maréchal GROUCHY.

3e *corps*, 15,290 h.; 4e *corps*, 14,260 h.; division *Teste*, détachée du 6e corps, 4,000 h.; *cavalerie* Pajol et Excelmans (1er et 2e corps), artilleurs compris, 5,600 h.; total.................. 39,150 h.

En déduisant de ce total, qui représente la force de chaque corps l'avant-veille au matin (1), les pertes des 3e et 4e corps d'infanterie, des 1er et 2e corps de cavalerie, à Saint-Amand et à Ligny, environ...................... 4,900(2)

(1) Voir page 9 de cette relation.

(2) Les pertes de la division Girard, environ 1,800 hommes, et celles de la garde et des cuirassiers Milhaut, comptées plus haut, environ 200 hommes, sont en dehors de ce chiffre.

On a pour le total des troupes emmenées par le général Grouchy à la poursuite des Prussiens (1).......... 34,250 h.

Canons....... 108.

Wellington n'avait connu que dans les dernières heures de la nuit la défaite des Prussiens; leur retraite l'obligeait à un mouvement parallèle. Dès le point du jour il se replia sur Bruxelles par Genape, laissant pour arrière-garde, aux Quatre-Bras, lord Uxbridge avec un corps de cavalerie et plusieurs batteries d'artillerie légère. Lord Uxbridge, quand il aperçut la tête de colonne du 6e corps, battit en retraite à son tour. L'empereur occupa la position. Il était près d'une heure.

Cependant Ney ne paraissait pas. Napoléon, irrité, envoya directement aux chefs de corps

(1) En additionnant les deux chiffres de 34,250 h. et de 65,550 h., on trouve pour le total des soldats emmenés dans la journée du 17 par l'empereur et le maréchal Grouchy, sur les deux routes de Bruxelles et de Wavres, le chiffre de 99,800 h. Si l'on ajoute à ce dernier nombre les pertes essuyées à Ligny, 6,900 h., aux Quatre-Bras, 3,400 h., la division Girard, laissée à Ligny et réduite à environ 3,200 h., ainsi que les 2,200 h. des équipages de ponts, du génie, etc., répartis à la suite des différens corps, on arrive à un total de 115,500 h., chiffre des hommes présens sous les armes le 15 juin au matin.

du maréchal l'ordre d'avancer. Le comte d'Erlon (1er corps) arriva le premier. Il prit la tête de l'armée et se mit en devoir de pousser vivement l'arrière-garde anglaise. Le comte Reille (2e corps) déboucha ensuite et suivit. Enfin, après s'être long-temps fait attendre, Ney parut. « L'empereur lui témoigna son mécontentement de tant d'incertitude, de tant de lenteur et de ce qu'il venait de faire perdre trois heures bien précieuses. Le maréchal balbutia et s'excusa sur ce qu'il croyait que Wellington était encore aux Quatre-Bras avec toute son armée (1). »

Le 6e corps (Lobau) quitta les Quatre-Bras après le 2e. La garde s'ébranla ensuite. Les cuirassiers Milhaut, éclairés par une division légère, aux ordres du général Subervie, s'avancèrent à leur tour et complétèrent le mouvement de l'armée sur Bruxelles. L'empereur alors se porta en avant, et, après une poursuite où notre avant-garde n'échangea avec l'arrière garde anglaise que quelques coups de canon, Napoléon, à 6 heures du soir, arriva à peu de distance de la forêt de Soignes. La pluie, en ce moment, tombait par torrens ; le soldat, sur certains points de la chaussée, avait

(1) *Mémoires de Napoléon*, dictés à Sainte-Hélène.

de l'eau à mi-jambe ; dans les terres, il en-enfonçait jusqu'aux genoux ; l'artillerie ne pouvait y passer ; la cavalerie n'y marchait qu'avec peine. L'ennemi s'était arrêté. Le voisinage de la forêt fit penser à l'empereur que les Anglais voulaient tenir cette position durant la nuit. Pour s'en assurer, il ordonna aux cuirassiers Milhaut de se déployer sous la protection de quatre batteries d'artillerie légère et de faire mine de charger. A cette vue, l'ennemi démasqua cinquante ou soixante pièces de canon fortement appuyées. Tous les doutes cessèrent : l'armée anglaise tout entière était arrêtée devant Napoléon qui renonça à l'attaquer. Cette résolution était regrettable : les Prussiens n'auraient pu intervenir, la victoire était certaine. *Il aurait fallu deux heures de jour de plus*, a dit l'empereur. L'armée prit position en avant de Planchenoit, village dans les terres, à quelques centaines de pas sur la droite de la route ; le quartier impérial fut établi un peu en arrière, sur la chaussée, à la ferme du Caillou.

Malgré les lenteurs du maréchal Ney, les troupes, conduites par Napoléon, n'avaient pas quitté l'armée anglaise et s'étaient avancees de six lieues. *L'aile droite* fut loin de faire le même chemin.

Les trois corps de Ziéthen, de Pirch et de Thielmann, nous l'avons dit, avaient pu se rallier, la veille au soir, derrière les 36,000 hommes de Bulow arrivés à Gembloux dans la nuit, et après la bataille. Malgré ce renfort, le désordre s'était mis dans un grand nombre de régimens prussiens. Les troupes saxonnes, westphaliennes, entr'autres, comptaient un nombre considérable de déserteurs. Des bandes de fuyards, où les nouvelles levées de landwehr prussienne étaient en majorité, couvraient tous les chemins, pillant les villages, maltraitant les habitans, et répandant partout la nouvelle de la défaite de Ligny, ainsi que le bruit de la retraite de leur armée derrière le Rhin. Cette retraite, dans la journée du 17, était attendue à Namur, à Liége et dans toutes les villes assises sur la rive droite de la Meuse. Sur toutes les routes on voyait de longues files de bagages qui se portaient précipitamment dans la direction de Maëstricht. Si l'inutile apparition du comte d'Erlon, à la gauche de l'armée, en suspendant le mouvement de la garde sur Ligny, n'avait pas obligé l'empereur de retarder sa victoire jusqu'à l'entrée de la nuit, quel n'aurait donc pas été le résultat d'une poursuite de plusieurs heures, au milieu de ces troupes démoralisées!

Les Prussiens avaient eu toute la nuit du 16 au 17 et toute la matinée du lendemain pour opérer leur retraite ; le maréchal Grouchy devait leur laisser tout le reste de la journée et la nuit suivante pour se reformer. A la vérité, lorsqu'à midi ce maréchal avait reçu l'ordre de se mettre à la poursuite de Blücher, les soldats, placés sous son commandement et qui avaient soutenu tout le poids de la veille, n'étaient plus prêts à marcher. Inactifs depuis le matin, mécontens de ce long repos dont leur impatience ne voyait pas le terme, les fantassins avaient démonté leurs fusils pour les nettoyer, une partie des cavaliers avaient dessellé leurs chevaux pour alléger leur fatigue. Il fallut du temps pour s'apprêter de nouveau. L'empereur n'était plus là, d'ailleurs, pour imprimer à toutes choses et à tous, le mouvement et l'activité. Toutes les dispositions, tous les mouvemens se firent donc avec une extrême lenteur. Les régimens, les premiers partis, n'arrivèrent à Gembloux qu'à quatre heures du soir ; les autres suivirent, mais à de si longs intervalles, qu'il était nuit close lorsque les derniers détachemens entrèrent dans cette ville. On comprendrait mal, au reste, la lenteur de certains régimens, si on ne tenait compte d'une pluie affreuse qui, défonçant tous les chemins, ralentit les mouvemens d'une partie de l'infanterie, en même temps qu'elle paralysa l'action de la cavalerie chargée de suivre ou d'observer l'ennemi. Ainsi retardé dans la marche de ses troupes, incertain de la direction précise que Blücher avait pu suivre, le maréchal Grouchy s'arrêta à Gembloux sur les positions occupées la nuit précédente par les Prussiens. Il avait fait moins de deux lieues.

Cette journée du 17 ne devait profiter qu'à l'ennemi; elle fut pour notre armée une journée complètement perdue.

Journée du 18. — BATAILLE DE WATERLOO. — L'empereur, le soir du 17, ne croyait pas à une bataille pour le lendemain; il supposait que Blücher aurait passé la Dyle à Wavres, et que Wellington ainsi que le feld-maréchal prussien profiteraient de la nuit pour traverser la forêt de Soignes et se réunir devant Bruxelles. Cependant il consacra les dernières heures de la soirée à dicter tous les ordres nécessaires pour un engagement général, s'il devait avoir lieu. La position et l'intervention possible de son *aile droite* fut une de ses préoccupations. A dix heures du soir il expédia au maréchal Grouchy, qu'il croyait arrivé à Wavres (1), un officier chargé de lui faire connaître : « qu'une grande bataille se livrerait probablement le lendemain; que l'armée anglo-hollandaise était en position en avant de la forêt de Soignes, sa gauche appuyée au hameau de La Haye; qu'il lui ordonnait de détacher avant le jour *de son camp de Wavres* une division de sept mille hommes de toutes armes et seize pièces de canon sur Saint-Lambert, pour se joindre à la droite de la grande armée et opérer avec elle; qu'aussitôt qu'il serait assuré que le maréchal Blücher aurait évacué Wavres, soit pour continuer sa route sur Bruxelles, soit pour se porter dans toute autre direction, il devait marcher avec la majorité de ses troupes pour appuyer le détachement qu'il aurait fait sur Saint-Lambert (2). »

Une heure après le départ de cet officier pour *Wavres*, à onze heures, on recevait au

---

(1) A trois lieues au delà de Gembloux, à moins de cinq lieues du champ de bataille de Ligny.

(2) Les défilés de Saint-Lambert commandent toutes les communications entre Wavres et Waterloo. Leur occupation par une division de 7,000 hommes de toutes armes avait un double but : relier les deux armées françaises, et rendre impossible la jonction des Prussiens avec les Anglais sur les positions occupées par ceux-ci.

quartier-impérial un rapport du maréchal Grouchy, daté de *cinq heures du soir*, et qui annonçait la halte de son armée *à Gembloux*, ainsi que l'ignorance où il était de la direction prise par Blücher. Avant de transmettre de nouveaux ordres au chef de son *aile droite*, Napoléon voulut s'assurer si Wellington était décidé à recevoir la bataille sur le terrain où bivouaquait son armée.

«..... A une heure du matin, l'empereur sortit à pied, accompagné seulement de son grand maréchal (le général Bertrand). Son dessein était de suivre l'armée anglaise dans sa retraite et de tâcher de l'entamer, malgré l'obscurité de la nuit, aussitôt qu'elle serait en marche. Il parcourut la ligne des grandes gardes. La forêt de Soignes apparaissait comme un incendie; l'horizon entre cette forêt, Braine-Laleud, les fermes de la Belle-Alliance et de la Haie-Sainte, était resplendissant du feu des bivouacs; le plus profond silence régnait. L'armée anglo-hollandaise était ensevelie dans un profond sommeil, suite des fatigues qu'elle avait éprouvées les jours précédens. Arrivé près du bois du château d'Hougoumont, il entendit le bruit d'une co lonne en marche : il était deux heures et demie. Or, à cette heure, l'arrière-garde devait commencer à quitter ses positions si l'ennemi était en retraite ; mais cette illusion fut courte, le bruit cessa. La pluie tombait par torrens. Divers officiers envoyés en reconnaissance et des affidés, de retour à trois heures et demie, confirmèrent que les Anglo-Hollandais ne faisaient aucun mouvement. A quatre heures, des courreurs lui amenèrent un paysan qui avait servi de guide à une brigade de cavalerie anglaise allant prendre position sur l'extrême gauche, au village d'Ohain. Deux déserteurs belges, qui venaient de quitter leur régiment, lui rapportèrent que leur armée se préparait à la bataille, et qu'aucun mouvement rétrograde n'avait eu lieu.

» Le général ennemi ne pouvait rien faire de plus contraire aux intérêts de son parti et de sa nation, à l'esprit général de cette campagne et même aux règles les plus simples de la guerre, que de rester dans la position qu'il occupait ; il avait derrière lui les défilés de la forêt de Soignes; s'il était battu, toute retraite lui était impossible.

» Les troupes françaises étaient bivouaquées au milieu de la boue ; les officiers tenaient pour impossible de livrer la bataille dans ce jour : l'artillerie et la cavalerie ne pouvaient manœuvrer dans les terres tant elles étaient détrempées ; ils estimaient qu'il faudrait douze heures de beau temps pour les étancher. Le jour commençait à poindre. L'empereur rentra à son quartier-général plein de satisfaction de la grande faute que faisait le général ennemi et fort inquiet que le mauvais temps ne l'empêchât d'en profiter. Mais déjà l'atmosphère s'éclaircissait ; vers cinq heures il aperçut quelques faibles rayons de ce soleil qui devait, avant de se coucher, éclairer la perte de l'armée anglaise... (1). »

Un second officier fut immédiatement dépêché au maréchal Grouchy pour lui renouveler l'ordre transmis sept heures auparavant. Une heure après le départ de cet envoyé, l'empereur reçut du chef de *l'aile droite* un

---

(1) Napoléon.— *Mémoires* dictés à Sainte-Hélène.— Nous avons cru, pour la relation de la bataille de Waterloo, pouvoir emprunter différens passages au récit dicté par l'Empereur. Ce récit, dans les *Mémoires* de Napoléon, ne se compose pour ainsi dire que d'une *exposition* ; il explique mieux que ne saurait le faire aucun écrivain, aucun homme, les dispositions et les premiers mouvemens de l'Empereur ; mais Napoléon devient très bref, il s'arrête, en quelque sorte, quand il arrive aux détails de la lutte. Nous indiquerons religieusement par des guillemets et par des notes, chacun de nos emprunts à ses *Mémoires*.

nouveau rapport daté de Gembloux, *dix heures du soir*, et qui était ainsi conçu :

« Sire,

» J'ai l'honneur de vous rendre compte que j'occupe Gembloux et que ma cavalerie est à Sauvenières. L'ennemi, fort d'environ 30,000 hommes, continue son mouvement de retraite; on lui a saisi ici un parc de 400 bêtes à cornes, des magasins et des bagages.

» Il paraît, d'après tous les rapports, qu'arrivés à Sauvenières, les Prussiens se sont divisés en deux colonnes : l'une a dû prendre la route de Wavres, en passant par Sart à Walhain; l'autre colonne paraît s'être dirigée sur Perwès.

» On peut peut-être *en inférer qu'une portion va rejoindre Wellington*, et que le centre, qui est l'armée de Blücher, se retire sur Liége. Une autre colonne avec de l'artillerie ayant fait son mouvement de retraite sur Namur, le général Excelmans a ordre de pousser ce soir six escadrons sur Sart à Walhain et trois escadrons sur Perwès. D'après leur rapport, si la masse des Prussiens *se retire sur Wavres, je la suivrai dans cette direction, afin* qu'ils ne puissent gagner Bruxelles *et de les séparer de Wellington*.

» Si, au contraire, mes renseignemens prouvent que la principale force prussienne a marché par Perwès, je me dirigerai, par cette ville, à la poursuite de l'ennemi.

» Les généraux Thielmann et Borstell faisaient partie de l'armée que V. M. a battue hier; ils étaient encore ce matin à 10 heures ici, et ont annoncé que 20,000 des leurs avaient été mis hors de combat. Ils ont demandé en partant les distances de Wavres, Perwès et Hannut. Blücher a été blessé au bras, ce qui ne l'a pas empêché de commander après s'être fait panser. Il n'a point passé par Gembloux.

» Je suis avec respect,

» De votre majesté,

» Sire,

» Le fidèle sujet,

» Le maréchal comte de GROUCHY. »

Cette dépêche était de nature à dissiper toutes les inquiétudes de l'empereur sur la manière dont le maréchal Grouchy saurait remplir sa mission ; il devait croire que ce maréchal, en exprimant lui-même l'opinion qu'une partie des troupes prussiennes se dirigeaient vers Wellington pour le soutenir, ne perdrait pas Blücher de vue ; que ses efforts tendraient à empêcher cette jonction, et que son armée, dans tous les cas, viendrait paralyser les effets de cette réunion si elle devait s'opérer. Aussi Napoléon écouta-t-il, plein de confiance, les rapports de plusieurs officiers exercés qui rentraient et qui venaient de reconnaître l'armée anglaise. Ils évaluaient sa force, en y comprenant les corps de flanqueurs, à *quatre-vingt-dix mille hommes*, chiffre qui s'accordait avec les renseignemens généraux. L'armée française, on l'a vu, ne comptait que *soixante-cinq mille combattans*. Elle n'avait pas seulement le désavantage du nombre, la pluie battante de la veille avait continué durant toute la nuit, et les soldats, bivouaqués au milieu de la boue, comme le dit l'empereur, n'avaient pu goûter un seul moment de repos. Il y a plus : les convois de vivres, arrêtés ou retardés par la tourmente et par le mauvais état des chemins, ne purent arriver dans la matinée. Une partie de nos régimens, lorsqu'ils quittèrent leur campement pour se porter sur leurs positions de bataille, n'avaient pris aucune nourriture. Pas une plainte, pas un murmure ne sortirent des rangs : quelques plaisanteries, la promesse de se venger sur les Anglais de ces privations, voilà tout ce que l'on entendit.

Vers huit heures Napoléon dit aux généraux qui l'entouraient : « L'armée ennemie » est supérieure à la nôtre de près d'un tiers ; » nous n'en avons pas moins quatre-vingt-dix » chances pour nous et pas dix contre. —Sans » doute, dit le maréchal Ney qui entrait, si » Wellington était assez simple pour attendre » Votre Majesté ; mais je viens lui annoncer » que déjà ses colonnes sont en pleine retrai- » te ; elles disparaissent dans la forêt. — Vous » avez mal vu, lui répondit l'empereur ; il n'est » plus temps, il s'exposerait à une perte cer-

» taine : il a jeté les dés, et ils sont à
» nous. »

Dans ce moment des officiers d'artillerie qui avaient parcouru la plaine, annoncèren que l'on pourrait manœuvrer les pièces avec quelques difficultés, sans doute; mais dans une heure, ajoutaient-ils, les obstacles seraient notablement diminués.

« .... Aussitôt l'empereur monta à cheval; il se porta aux tirailleurs, vis-à-vis la Haie-Sainte, reconnut de nouveau la ligne ennemie et chargea le général de génie Haxo, officier de confiance, de s'en approcher davantage pour s'assurer *s'il avait été élevé quelques redoutes ou retranchemens*. Ce général revint promptement rendre compte qu'il n'avait aperçu aucune trace de fortifications. L'empereur réfléchit un quart d'heure, puis dicta l'ordre de bataille que deux généraux écrivaient assis par terre. Les aides-de-camp le portèrent aux divers corps d'armée qui étaient sous les armes, pleins d'impatience et d'ardeur. L'armée s'ébranla et se mit en marche sur onze colonnes.

» A neuf heures les têtes des quatre colonnes formant la première ligne arrivèrent où elles devaient se déployer. En même temps on aperçut plus ou moins loin, les sept autres colonnes qui débouchaient des hauteurs ; elles étaient en marche ; les trompettes et les tambours sonnaient aux champs ; la musique retentissait des airs qui retraçaient aux soldats le souvenir de cent victoires. La terre paraissait orgueilleuse de porter tant de braves. Ce spectacle était magnifique ; et l'ennemi qui était placé de manière à découvrir jusqu'au dernier homme, dut en être frappé ; l'armée dut lui paraître double en nombre de ce qu'elle était réellement.

» Ces onze colonnes se développèrent avec tant de précision qu'il n'y eut aucune confusion, et chacun occupa la place qui lui était désignée dans la pensée du chef ; jamais de si grandes masses ne se remuèrent avec tant de facilité. A dix heures et demie, ce qui paraît incroyable, tout le mouvement était achevé, toutes les troupes étaient à leur position ; le plus profond silence régnait sur le champ de bataille. L'armée se trouva rangée sur six lignes formant la figure de six V.

» L'empereur parcourut les rangs. Il serait difficile d'exprimer l'enthousiasme qui animait tous les soldats : l'infanterie légère avait ses shakos au bout des baïonnettes ; les cuirassiers, les dragons et la cavalerie légère leurs casques ou shakos au bout de leurs sabres.

La victoire paraissait certaine; les vieux soldats qui avaient assisté à tant de combats, admirèrent ce nouvel ordre de bataille; ils cherchaient à pénétrer les vues ultérieures de leur général; ils discutaient le point et la manière dont l'attaque devait avoir lieu. Pendant ce temps, l'empereur donna ses derniers ordres et se porta à la tête de sa garde, au sommet des six V, sur les hauteurs de Rossomme. Il mit pied à terre....

» Une bataille est une action dramatique qui a son commencement, son milieu et sa fin. L'ordre de bataille que prennent les deux armées, les premiers mouvemens pour en venir aux mains sont l'exposition; les contre-mouvemens que fait l'armée attaquée forment le nœud, ce qui oblige à de nouvelles dispositions et amène la crise d'où naît le résultat ou le dénoûment. Aussitôt que l'attaque du centre de l'armée française aurait été démasquée, le général ennemi ferait ses contre-mouvemens, soit par ses ailes, soit derrière sa ligne pour faire diversion ou accourir au secours du point attaqué; aucun de ces mouvemens ne pouvait échapper à l'œil exercé de Napoléon dans la position centrale où il s'était placé, et il avait dans sa main toutes ses réserves pour les porter à volonté où l'urgence des circonstances exigerait leur présence... » (1).

Les hauteurs de Rossomme, où l'empereur venait de se porter, sont un long plateau assez fortement ondulé, et sur lequel court la chaussée de Charleroi à Bruxelles; elles prennent naissance à la ferme du Caillou, où Napoléon avait passé la nuit, et s'arrêtent à quelques pas au delà de la ferme de la Belle-Alliance. La chaussée, quand elle a dépassé cette dernière ferme, descend dans un vallon ou ravin assez profond pour remonter ensuite, en longeant les clôtures de la Haie-Sainte, sur une terrasse, alors fort élevée, et dont le front, parallèle aux hauteurs occupées par nos troupes, s'étendait, à gauche, jusqu'à peu de distance du château d'Hougoumont, et à droite, vers les hameaux de Papelotte, La Haie et Smouhen. A quatre cents pas environ au delà du point où elle arrivait sur le sommet de ce dernier plateau, la route traversait Mont-Saint-Jean, hameau d'une trentaine de maisons, puis à trois quarts de lieue plus loin, dans la forêt de Soignes, elle rencontrait le village de Waterloo.

Les pentes du ravin, séparation des deux

(1) *Mémoires de Napoléon*, déjà cités.

armées, sont assez faciles quand on descend de la Belle-Alliance. En revanche, le bord opposé, à quelques toises au dessus de la Haie-Sainte, avait toute la force d'un retranchement véritable. Le sol s'élevait d'abord graduellement; puis, à quelques pas de la sommité du plateau, le niveau de la pente se trouvait brusquement interrompu par une large coupure parallèle au ravin et formant la voie de l'un des chemins qui conduisent de Wavres, par les défilés de St-Lambert et par Ohain, à la chaussée de Nivelles. Ce chemin, profondément encaissé, coupait la route de Charleroi et longeait toute la crête du plateau; il faisait fossé, et son escarpement, du côté de Mont-Saint-Jean, n'avait pas moins de sept à huit pieds d'élévation. En d'autres termes, une immense terrasse avec fossé et glacis en talus et qui, adossée à la forêt de Soignes, était défendue sur son front par la ferme de la Haie-Sainte, véritable ouvrage avancé; à son extrême droite, par le château d'Hougoumont dont les murs avaient été crénelés dans la nuit; à son extrême gauche, par les hameaux de Papelotte, Smouhen et La Haie, voilà quelle était la position choisie par Wellington pour accepter la bataille. L'œil exercé de Napoléon ne se trompait donc pas lorsqu'il envoyait le général Haxo s'assurer si des redoutes et des retranchemens ne défendaient pas le front de l'ennemi; ce général, d'un autre côté, avait dit vrai en affirmant que les Anglais n'avaient élevé aucun ouvrage d'art. Ils étaient protégés par un rempart naturel. Une forte barricade fermant la tranchée ouverte dans la terrasse pour le passage de la route, était leur seul ouvrage de fortification (1).

---

(1) Cette terrasse a été en grande partie nivelée entre Mont-St-Jean et la Haie-Sainte. Le chemin qui en suivait la crète existe toujours, mais il n'est plus encaissé; ses deux escarpes ont disparu, et les terres qui les formaient ont été enlevées pour construire la montagne artificielle,—immense cône haut de plus de cent cinquante pieds et recouvert de gazon,—qui supporte le ridicule lion belge placé là par l'ancien gouvernement des Pays-Bas comme monument de la victoire anglo-prussienne du 18 juin. Le sol, à la sommité du plateau de Mont-Saint-Jean, a été baissé de près de dix pieds. L'aspect général du terrain est donc complètement changé. Lord Wellington, quelques années après 1815, faisant les honneurs des champs de Mont-Saint-Jean à nous ne savons quelle Altesse impériale ou royale, se montra fort mécontent de cet immense déblais. « Je ne reconnais plus mon champ de bataille ! » s'écria-t-il. Deux tertres qui, de chaque côté de la route, à quelques pas au dessus de la Haie-Sainte, supportent les monumens élevés au colonel anglais Gordon, aide-de-camp de

Le point des hauteurs de Rossomme choisi par Napoléon comme observatoire, et sur lequel il resta depuis onze heures jusqu'à trois, était un tertre placé sur le côté gauche de la route, en face d'une maison isolée appelée la *Maison d'Ecosse*, à cent pas environ en arrière de la ferme de la Belle-Alliance (1). De là ses regards pouvaient embrasser tout le champ de bataille ; en face de lui était le plateau de Mont-Saint-Jean ; à sa gauche le château

---

Wellington, et aux officiers de la légion germanique tués dans la bataille, donnent la position et le relief exacts de l'ancien plateau. Construits avant le nivellement, sur le bord de la terrasse, ces tombeaux ont gardé leur ancienne base ; il faut de la route monter douze ou quinze marches pour arriver à celui du colonel Gordon : c'est sur le point de la chaussée qui les sépare, qu'était construite la barricade dont nous venons de parler.

(1) L'empereur, depuis quelque temps, était en proie à de cruelles douleurs physiques qui lui rendaient fort pénible l'usage du cheval ; il souffrait d'une affection hémorroïdale, résultat de sa vie de guerre et de campagnes, et dont les fatigues des derniers jours avaient singulièrement augmenté la violence. Le tertre dont nous venons de parler et dont la surface, comme celle de toutes les terres voisines, se trouvait transformée en une boue liquide par les affreuses pluies de la veille et de la nuit, fut recouvert d'un lit de paille, sur lequel on plaça une chaise et une table grossières que fournirent les habitans de la *Maison d'Ecosse*.

d'Hougoumont et son bois couvrant la droite de l'ennemi ; à sa droite les hameaux sur lesquels Wellington appuyait sa gauche, ainsi que le chemin qui de Wavres arrive à Planchenoit, après avoir traversé les défilés de La-Chapelle-Saint-Lambert et le village de Lasnes. Planchenoit se trouvait derrière lui, dans les terres, à peu de distance sur la droite de la route. C'était par ce chemin qu'il attendait Grouchy.

A dix heures, pendant que les onze colonnes impériales s'avançaient pour prendre leur position de combat, l'empereur avait ordonné de transmettre à ce maréchal le nouvel ordre suivant :

« En avant de la ferme du Caillou, le 18 juin, *dix heures du matin.*

» Monsieur le maréchal, l'empereur a reçu votre dernier rapport daté de Gembloux ; vous ne parlez à S. M. que de deux colonnes prussiennes qui ont passé à Sauvenières et à Sart-à-Walhain ; cependant des rapports disent qu'une troisième colonne qui était assez forte, a passé à Géry et à Gentines, se dirigeant sur Wavres.

» L'empereur me charge de vous prévenir qu'en ce moment S. M. va faire attaquer l'armée anglaise qui a pris position à Waterloo, près de la forêt de Soignes ; ainsi S. M. désire *que vous dirigiez vos mouvemens sur Wavres,* AFIN *de vous rapprocher de nous*, de vous mettre *en rapport d'opérations* et *lier les communications*, poussant devant vous les corps de l'armée prussienne qui ont pris cette direction, et qui ont pu s'arrêter à Wavres où vous devez arriver le plus tôt possible. Vous ferez suivre les colonnes ennemies qui ont pris votre droite par quelques corps légers, afin d'observer leurs mouvemens et ramasser leurs traînards. Instruisez-moi immédiatement de vos dispositions et de votre marche ainsi que des nouvelles que vous avez sur les ennemis, et *ne négligez pas de lier vos communications avec nous*; l'empereur désire avoir très souvent de vos nouvelles. »

Une heure après l'envoi de cette dépêche, les tirailleurs se répandaient sur tout le front de l'armée, et les divisions composant le 2e corps (Reille) commençaient, à la gauche, l'attaque du bois et du château d'Hougoumont. Cette attaque, faite la première et de bonne heure, était destinée à tromper le général ennemi. L'empereur avait le projet de porter son principal effort sur le centre de la ligne anglaise; il voulait le percer en l'abordant par la chaussée, s'emparer de Mont-Saint-Jean, et se rendre ainsi maître du principal débouché de la forêt de Soignes. Le succès de cette attaque devait séparer les deux ailes de Wellington, leur rendre toute retraite impossible et entraîner la destruction de l'armée anglaise. Avant d'ébranler ses troupes, Napoléon voulait obliger le général ennemi de dégarnir cette partie de sa ligne pour renforcer sa droite. Ce mouvement, comme il le prévoyait, eut lieu ; le duc ne tarda pas à diriger sur Hougoumont ses meilleures troupes. L'attaque sur Mont-Saint-Jean, si difficile en raison de l'escarpement du plateau, obstacle que l'empereur entrevoyait, nous l'avons dit, sans en bien connaître la force (1),

---

(1) Lorsqu'on approche d'une position fortifiée, le regard, embrassant seulement des surfaces, ne peut distinguer les escarpes ni les fossés ; le sommet des remparts et celui des glacis ne font qu'*un* ; il faut entrer dans les ouvrages pour en apercevoir les détails. Il en fut de même pour l'empereur à l'occasion du plateau de Mont-Saint-Jean. Napoléon, des hauteurs où il était placé, devait croire que la pente opposée à celle de la Sainte-Alliance était *continue*. Les épaisses récoltes qui couvraient la terre servaient à augmenter l'illusion. S'il eût connu l'existence du chemin faisant fossé et sa profondeur, son point d'attaque aurait été probablement changé, et l'on doit croire qu'il aurait porté son principal effort sur la gauche de Wellington. L'encaissement du chemin sur cette partie du champ de bataille était bien moins prononcé ; les pentes étaient beaucoup plus douces. La force défensive de la position occupée par les Anglais se trouvait principalement au centre de leur ligne, vis-à-vis de la Haye-Sainte, puis à la droite de cette ferme, jusque vers le château d'Hougoumont. Si le terrain se fût trouvé tel qu'il est aujourd'hui, la bataille n'eût pas duré trois heures.

devait, en outre, se trouver protégée par le feu d'environ quatre-vingts bouches à feu, au nombre desquelles étaient trente pièces de 12, formant l'artillerie de réserve des 1er, 2e et 6e corps. Ces quatre-vingts pièces, malgré le feu des canons anglais déjà en position sur le bord de la rampe, ne tardèrent pas à se trouver en batterie.

«.... Le maréchal Ney obtint l'honneur de commander cette grande attaque du centre; elle ne pouvait être confiée à un homme plus brave et plus accoutumé à ce genre d'affaires. Il envoya un de ses aides-de-camp prévenir que tout était prêt et qu'il n'attendait plus que le signal. Avant de le donner, l'empereur voulut jeter un dernier regard sur e champ de bataille et aperçut dans la direction de Saint-Lambert un nuage qui lui parut être des troupes. Il dit à son major-général : « Maréchal, que voyez-vous sur Saint-Lambert? — » J'y crois voir cinq à six mille hommes; c'est probablement un détachement de Grouchy. » Toutes les lunettes de l'état-major furent fixées sur ce point. Le temps était assez brumeux. Les uns soutenaient, comme il arrive en pareille occasion, qu'il n'y avait point de troupes, que c'étaient des arbres: d'autres que c'étaient des colonnes en position ; quelques uns que c'étaient des troupes en marche (1). Dans cette incertitude, sans plus délibérer, il fit appeler le lieutenant-général Domont et lui ordonna de se porter avec sa division de cavalerie légère et celle du général Subervie pour éclaïrer sa droite, communiquer promptement avec les troupes qui arrivaient sur Saint-Lambert, opérer la réunion si elles appartenaient au maréchal Grouchy, les contenir si elles étaient ennemies. Ces 3,000 hommes de cavalerie n'eurent à faire qu'un à droite par quatre pour être hors des lignes de l'armée; ils se portèrent rapidement et sans confusion à trois mille toises et s'y rangèrent en bataille, en potence sur toute la droite de l'armée.

» Un quart d'heure après, un officier de chasseurs amena un chasseur noir prussien qui venait d'être fait prisonnier par les coureurs d'une colonne volante de trois cents chasseurs qui battaient l'estrade entre Wavres et Plan-

(1) Les hommes et les arbres devaient se confondre. Le bois de Lasne, indiqué sur un grand nombre de cartes sous le nom de *Bois de Paris*, occupe le sommet des hauteurs où débouche le chemin de Wavres à Planchenoit, et derrière lesquelles se trouvent le village de Lasnes, celui de La Chapelle-Saint-Lambert, ainsi que ses gorges et ses défilés.

chenoit. Ce hussard était porteur d'une lettre ; il était fort intelligent et donna de vive voix tous les renseignemens que l'on put désirer. La colonne que l'on apercevait vers Saint-Lambert était l'avant-garde du général Bulow qui arrivait avec plus de 30,000 hommes; c'était le quatrième corps prussien qui n'avait pas donné à Ligny. La lettre était effectivement l'annonce de l'arrivée de ce corps; ce général demandait au duc de Wellington des ordres ultérieurs. Le hussard dit qu'il avait été le matin à Wavres, que les trois autres corps de l'armée prussienne y étaient campés et qu'ils y avaient passé la nuit du 17 au 18; qu'ils n'avaient aucun Français devant eux; qu'il supposait que les Français avaient marché sur Planchenoit; qu'une patrouille de son régiment avait été dans la nuit jusqu'à deux lieues de Wavres sans rencontrer aucun corps français. Le duc de Dalmatie expédia sur-le-champ un officier au maréchal Grouchy (1)... »

Cet officier était porteur du nouvel ordre suivant :

« Du champ de bataille du Waterloo, le 18 juin.
» *à une heure de l'après-midi.*

» Monsieur le Maréchal,

» Vous avez écrit ce matin, à deux heures, à

(1) *Mémoires de* Napoléon déjà cités.

l'empereur, que vous marchiez sur Sart-à-Wallain, donc votre projet était de vous porter à Corbaix ou à Wavres. Ce dernier mouvement est conforme aux dispositions de S. M. qui vous ont été communiquées.

» Cependant l'empereur m'ordonne de vous dire que vous devez toujours *manœuvrer dans notre direction.* C'est à vous à voir le point où nous sommes pour vous régler en conséquence et pour *lier nos communications*, ainsi que pour être toujours en mesure de *tomber sur les troupes* ennemies qui *chercheraient à inquiéter notre droite*, et à les écraser. En ce moment, la bataille est engagée sur la ligne de Waterloo ; ainsi, *manœuvrez pour joindre notre droite.*

» *P. S.* Une lettre qui vient d'être interceptée porte que le général Bulow doit attaquer notre flanc. Nous croyons apercevoir ce corps sur les hauteurs de Saint-Lambert ; ainsi, ne perdez pas un instant pour vous rapprocher de nous et nous joindre, et pour écraser Bulow que vous prendrez en flagrant délit. »

L'empereur, après avoir raconté l'envoi de cette nouvelle dépêche au marquis de Grouchy, ajoute :

«....Par les dernières nouvelles reçues de ce maréchal, on savait qu'il devait, à la pointe du jour, se porter sur Wavres. Or, de Gembloux à Wavres il n'y a que trois lieues ; soit qu'il eût ou non reçu les ordres expédiés dans la nuit du quartier impérial, il devait être indubitablement engagé, à l'heure qu'il était, devant Wavres. Les lunettes dirigées sur ce point, n'apercevaient rien ; on n'entendait aucun coup de canon. Peu après le général Domont envoya dire que quelques coureurs montés, qui le précédaient, avaient rencontré des patrouilles ennemies dans la direction de Saint-Lambert ; qu'on pouvait tenir pour sûr, que les troupes que l'on y voyait étaient ennemies ; qu'il avait envoyé dans plusieurs directions des patrouilles d'élite *pour communiquer avec le maréchal Grouchy* et lui porter des avis et des ordres (1).

» L'empereur fit immédiatement ordonner au comte de Lobau de traverser la chaussée de Charleroi, par un changement de direction à droite par division, et de se porter, pour soutenir la cavalerie légère, dans la direction de St-Lambert ; de choisir une bonne position intermédiaire où il pût, avec 10,000 hommes, en arrêter 30,000 si cela devenait nécessaire ; d'attaquer vivement les Prussiens aussitôt qu'il entendrait les premiers coups de canon des troupes que le maréchal Grouchy avait détachées derière eux. Ces dispositions furent exé-

(1) Nous avons souligné les derniers mots de cette phrase, parce qu'ils se rapportent à un détail assez important et fort ignoré de l'épisode Grouchy.

cutées sur-le-champ. Il était de la plus haute importance que le mouvement du comte de Lobau se fît sans retard. Le maréchal Grouchy devait avoir, de Wavres, détaché 6 à 7,000 hommes sur St-Lambert, lesquels se trouveraient compromis puisque le corps du général Bulow était de 30,000 hommes ; tout comme le corps du général Bulow serait compromis et perdu si, au moment qu'il serait attaqué en queue par 6 à 7,000 hommes, il était attaqué en tête par un homme du caractère du comte de Lobau. 17 à 18,000 Français disposés et commandés ainsi, étaient d'une valeur bien supérieure à 30,000 Prussiens. Mais ces événemens portèrent du changement dans le premier plan de l'empereur ; il se trouva affaibli, sur le champ de bataille, de 10,000 hommes qu'il était obligé d'envoyer contre le général Bulow ; ce n'était plus que 55,000 h. qu'il avait contre 90,000; ainsi, l'armée ennemie contre laquelle il avait à lutter venait d'être augmentée de 30,000 hommes déjà répandus sur le champ de bataille ; elle était de 120,000 hommes contre 65,000 ; c'était un contre deux. « Nous avions ce matin » quatre-vingt-dix chances pour nous, dit-il » au duc de Dalmatie ; l'arrivée de Bulow nous » en fait perdre trente ; mais nous en avons

» encore soixante contre quarante, et si Grou-
» chy répare l'horrible faute qu'il a commise
» hier de s'amuser à Gembloux, et envoie son
» détachement avec rapidité, la victoire ne
» sera que plus décisive, car le corps de Bulow
» sera entièrement perdu (1).... »

Il était alors plus d'une heure. L'empereur envoya au maréchal Ney, qui, depuis midi, attendait le signal de l'attaque, l'ordre de faire ouvrir le feu de ses batteries, de s'emparer de la ferme de la Haie-Sainte, au pied du plateau, et de se porter sur Mont-Saint-Jean après avoir fait occuper le hameau de la Haie, à la gauche de l'ennemi, afin d'intercepter toute communication entre l'armée anglo-hollandaise et les troupes de Bulow. A peu de momens de là, d'effroyables décharges d'artillerie ébranlaient la terre ; quatre-vingts bouches à feu vomissaient la mort sur le centre et sur la gauche de l'ennemi.

L'action était engagée à la droite des Anglais, au château d'Hougoumont, lorsque commença cette attaque sur leur gauche et sur leur front. L'engagement sur le premier de ces points, simple diversion, on l'a vu, dans la pensée de l'empereur, ne fut qu'un épisode

---

(1) *Mémoires de* NAPOLÉON déjà cités.

sans influence sur les résultats de la journée. Effort secondaire, l'attaque d'Hougoumont ne devait appeler l'attention de l'empereur qu'après plusieurs heures d'une lutte sanglante, indécise et mal dirigée.

Les deux côtés du château d'Hougoumont, faisant face au ravin de la Haie-Sainte et à notre ligne de bataille, étaient protégés par un bois que gardait la brigade des gardes anglaises ; les deux autres côtés étaient à découverts : ce fut le bois que les généraux du 2e corps ordonnèrent d'aborder. Nos soldats s'y élancèrent avec la plus grande bravoure. La résistance de l'ennemi fut énergique; il disputa, pour ainsi dire, chaque pied de terrain. A la fin, pourtant, repoussé d'arbre en arbre, il fut chassé du bois et rejeté sur les bâtimens. Une haie séparait encore nos soldats des premiers murs; ils la franchissent; mais à peine sont-ils de l'autre côté, qu'un épouvantable feu de mousqueterie tiré presque à bout portant, par d'invisibles mains, fait tomber les plus intrépides. Ces décharges partaient d'un haut et long mur de briques, percé de larges meurtrières dans toute son étendue, et qui servait de clôture au jardin et au verger du château. Les Anglais profitent du premier désordre pour essayer de reprendre le bois. Repoussés à leur tour, les Français ne tardent pas à revenir à la charge ; le bois est pris et repris ; mais chaque fois qu'elles approchent du château, nos troupes se voient accueillies par le terrible feu des fantassins anglais embusqués derrière le mur de briques. Vainement nos soldats, furieux de recevoir la mort sans pouvoir la donner, essaient chaque fois, dans un effort héroïque, de gravir le mur à l'aide même de ses meurtrières ; ceux qui parviennent à le franchir et à se jeter au milieu de l'infanterie britannique dont le jardin est rempli, sont massacrés malgré les prières des officiers anglais qu'émeut un tel courage ; et chaque fois ceux qui n'ont pu les suivre sont obligés de se replier. Ces alternatives durèrent quatre heures. Il ne venait à la pensée d'aucun chef de chercher un autre point d'attaque et d'employer l'artillerie contre la partie des murs extérieurs que le bois ne protégeait pas. Vers trois heures, l'empereur étonné de l'immobilité de sa gauche, envoya aux renseignemens. On l'instruisit de ce qui se passait ; il regarda une des cartes étendues devant lui et désignant du doigt un point assez rapproché du château, il s'écria : « Qu'on prenne du canon, huit » obusiers, et que tout cela finisse ! » Une demi-heure après cet ordre, le château était en feu et sa grande porte, enfoncée à coups de canon, livrait passage à nos fantassins, qui se ruant au milieu de l'incendie, chassaient les gardes anglaises des cours et des jardins et s'établissaient dans la position (1).

A l'heure où les troupes de la gauche se logeaient dans le château d'Hougoumont, l'empereur, au centre de sa ligne, pouvait penser, pour la seconde fois, qu'il tenait la victoire.

Les trente pièces de gros canon destinées à appuyer l'attaque de Ney sur la Haie-Sainte et sur Mont-Saint-Jean, placées à la droite de la chaussée, portaient en plein sur le plateau et enfilaient le principal débouché des Anglais dans la forêt de Soignes. Leur ravage était effroyable; des files entières étaient emportées. En quelques instans la seconde ligne anglaise et les régimens de la réserve furent dans le plus affreux désordre. Ney, à ce moment, descendait les pentes de la Belle-Alian-

(1) Le bois d'Hougoumont a été complètement défriché. En revanche, les bâtimens détruits par l'incendie n'ont pas été reconstruits; leurs ruines après trente ans, portent encore la trace du feu. La haie placée en avant du mur du verger existe toujours; ce mur, avec ses larges et nombreuses meurtrières, reste également debout; on le voit encore tel qu'il était le jour de la bataille.

ce en trois colonnes profondes commandées par les généraux de division Durutte, Marcognet et Donzelot. Durutte se portait vers les hameaux de Papelotte, de la Haie et de Smouhen, pour se placer entre la gauche des Anglais et le corps de Bulow; Donzelot poussait droit à la Haie-Sainte; Marcognet s'avançait au centre. Les hameaux de Smouhen, la Haie et Papelotte sont enlevés par Durutte; une des brigades de la division belge Perponcher et la division anglaise Picton essaient d'arrêter Marcognet; les Belges sont enfoncés, la première ligne des Anglais est culbutée, le général Picton est tué ; à son tour, Donzelot force une partie des détachemens chargés de défendre la Haie-Sainte de s'enfermer dans l'intérieur de la ferme et rejette le reste sur les talus du plateau.

Le duc de Wellington, à cheval près d'un arbre, à moins de cent pas en arrière du bord de la terrasse (1), suivait attentivement la marche des trois colonnes de Ney. A la vue des

(1) Cet arbre a joué une espèce de rôle dans la bataille; il servait de point de reconnaissance à tous les officiers chargés des ordres de Wellington ou dépêchés vers lui. Le cultivateur auquel il appartenait l'a vendu pour un prix fort élevé à quelques amateurs anglais.

divisions que brisent et culbutent les soldats de Marcognet, il fait donner à plusieurs régimens l'ordre d'aller soutenir les brigades de Picton et du général Perponcher. Dans ce moment plusieurs officiers accourent et lui montrent, en arrière de sa première ligne, au débouché de la forêt, plusieurs corps d'infanterie qui, écharpés par nos batteries de douze, quittaient le plateau et se retiraient par la route de Bruxelles. Tous les officiers rangés autour du duc courent aussitôt pour arrêter ces colonnes; lui-même lance son cheval au milieu des fuyards.

Ce mouvement de retraite avait frappé le général d'artillerie Rutty, commandant les batteries. En voyant le général anglais et son état-major prendre au galop la même direction, le général Rutty laisse le commandement des pièces au colonel Chandon et court annoncer à l'empereur que les Anglais abandonnent leurs positions.

Les efforts de Wellington pour suspendre la marche rétrograde des régimens déjà engagés dans la forêt, auraient été probablement sans résultat si, par un hasard étrange, les terribles boulets devant lesquels se retiraient ses soldats, n'avaient cessé tout-à-coup de balayer les rangs. Le duc peut alors arrêter la retraite de ses troupes ; il revient précipitamment à sa place de bataille. « Rien n'est perdu ! » s'écrie-t-il après avoir jeté un rapide coup d'œil dans le ravin.

Ce qui venait de se passer sur le plateau n'avait point échappé au maréchal Ney. La pensée lui vint de précipiter la retraite de l'ennemi et de hâter sa défaite, en portant sa grosse artillerie sur les positions que Wellington semblait abandonner ; tirant de plus près, cette artillerie devait tout écraser. Il envoya au colonel Chandon l'ordre de porter ses pièces sur le plateau du mont Saint-Jean ; le colonel obéit ; le feu des pièces de douze cessa ; ces pièces furent relevées et les chevaux, lancés au galop, descendirent les pentes de la Belle Alliance pour gravir le bord opposé. Mais au moment où Wellington jetait les yeux sur le fond du ravin, les chevaux des batteries de réserve s'y trouvaient arrêtés, ayant de la boue jusqu'aux genoux ; les affûts y entraient jusqu'à l'essieu ; malgré les efforts des canonniers, les canons comme leurs attelages restaient immobiles. Le duc envoya sur-le-champ à deux régimens de dragons en position à l'une des extrémités du ravin, l'ordre de se lancer à fond de train sur les batteries embourbées, de couper les traits, tuer les chevaux, sabrer les hommes sans s'inquiéter des pièces. Une distribution d'eau-de-vie est faite dans les rangs; on ordonne d'enlever les gourmettes de toutes le brides. Les dragons partent; tout dut céder au choc furieux de ces chevaux dont on ne pouvait plus maîtriser la course, de ces cavaliers à moitié ivres, qui, roides et immobiles, défilaient avec la rapidité d'une flèche à travers les batteries et sur le front de nos carrés (1). Quand ils furent passés, les batteries étaient disloquées et un grand nombre de canonniers hors de combat. Le colonel Chandon était tué. Ce succès fut payé cher. Ney lança les cuirassiers Milhaut contre les dragons anglais; ces deux régimens furent presque entièrement détruits : mais Wellington avait atteint son but; il conservait son champ de bataille, et la plus grande partie de notre artillerie de réserve se trouvait hors de service. Vainement, pour réparer cette perte, Napoléon fit porter sur les mêmes positions l'artillerie légère de sa garde; son feu ne pouvait remplacer celui de pièces trois fois

(1) « Ils passèrent en frisant nos carrés de si près que des hommes et des chevaux furent tués *à coups d'épée* par nos officiers d'infanterie. »

(Général G. de Vaudoncourt, *Campagnes de 1814 et de 1815.*)

plus fortes et d'une portée trois fois plus grande. Tous les corps anglais reprirent leurs positions, moins une partie des équipages et plusieurs détachemens qui continuèrent à fuir et arrivèrent à Bruxelles, annonçant la retraite de l'armée anglaise.

La charge des cuirassiers Milhaut avait été le signal d'autres charges exécutées par les différens régimens de cavalerie placés sous les ordres du prince de la Moskowa. Ce maréchal, que sa grosse artillerie ne protégeait plus, ne continuait pas moins d'avancer sur le front de l'ennemi. Placé, de sa personne, sur la chaussée avec la division Donzelot, il envoie à la cavalerie légère de la garde et aux cuirassiers Milhaut, revenus de leur poursuite contre les dragons anglais, l'ordre de charger les Hanovriens, ainsi qu'une brigade d'infanterie anglaise et la légion allemande du général Omptéda, qui défendent la barricade et le pied du plateau. Les Hanovriens sont culbutés; deux bataillons de la légion allemande sont sabrés, les autres sont dispersés, ainsi qu'une partie de la brigade anglaise; le général Omptéda est tué. La brigade du major-général Ponsonby, composée des 1er, 2e et 3e régimens de dragons, accourt pour rétablir le combat : cette cavalerie est disloquée;

un lancier de la garde tue Ponsonby. Ney, pendant ce temps, avance toujours; les bataillons anglais, en position sur la terrasse de Mont-Saint-Jean, lui jettent en vain tout le feu de leur mousqueterie; vainement leur nombreuse artillerie sème la mort dans ses rangs; rien ne l'ébranle; la ferme de la Haie-Sainte est emportée; il aborde la barricade ainsi que le chemin qui sert de fossé au plateau. Dans ce moment, infanterie et cavalerie, Français, Anglais, Allemands et Belges, tous les soldats, toutes les armes se mêlent. Les fantassins ennemis, arrêtés par l'escarpement de la terrasse, sont écharpés; deux des aides-de-camp de Napoléon, les généraux Dejean et Gourgaud, se trouvent dans la mêlée; le dernier, chargé de suivre cette attaque, tue de sa main quatre dragons anglais. Près de lui, le colonel du 1er de cuirassiers, Ordener, chargeant en tête de son régiment, a son cheval tué et tombe au pied du talus; il se relève, frappe encore, et parvient à sortir du chemin faisant fossé, en saisissant la queue du cheval de l'un de ses cuirassiers (1).

(1) Le colonel du 1er de cuirassiers, à Waterloo, est le colonel qui commandait en 1814 le 30e dragons, et dont le nom se trouve si honorablement mêlé aux événemens racontés dans le chapitre VIII du 1er vol. de l'*histoire* à laquelle appartient cette relation.

Ney va redoubler d'efforts ; il fait avertir l'empereur ; viennent quelques régimens de la réserve ou de la garde, et le plateau sera franchi, le centre des Anglais percé. « Ils sont à nous ! je les tiens ! » s'écrie Napoléon à ces nouvelles. Le maréchal Soult, les généraux qui entourent l'empereur partagent sa joie ; pour tous la victoire est certaine.

En effet, le désordre s'était mis de nouveau dans l'armée anglaise. Tous les caissons, toutes les voitures de bagages, restés après la première panique, se précipitent sur l'unique route ouverte dans la forêt ; les blessés accourent de tous les points du champ de bataille : soldats anglais, belges et allemands, tous ceux que notre cavalerie a sabrés, se jettent à leur tour sur la route de Bruxelles, répandant encore une fois la nouvelle de la défaite de Wellington. A cette seconde alerte, la petite capitale belge est en émoi ; à six heures, ses autorités se préparent à recevoir l'armée française et son chef ; de six à sept heures, les hôpitaux, les magasins militaires sont évacués ; tout ce qui est Anglais s'enfuit. La route d'Anvers, où chacun se dirige, est bientôt couverte de caissons, de fourgons et de fuyards à cheval, en voiture, qui courent chercher un refuge sur les navires stationnés dans ce port. Des fonctionnaires attachés à l'administration de l'armée se sauvent dans de simples charrettes, abandonnant leurs caisses, leurs registres et leurs papiers (1). Le vieux prince de Condé, emporté par ce *sauve qui peut*, court jusqu'à Malines. De Bruxelles le bruit de notre approche gagne les villes voisines. Le duc de Berry, avec les 3 à 4,000 gardes-du-corps ou volontaires composant l'armée de la cour exilée, campait à Alost, à mi-chemin entre Bruxelles et Gand, dont il gardait les approches; cet étrange général, à la fausse nouvelle du triomphe des armes impériales, abandonne précipitamment Alost, puis, au lieu de se replier sur Gand, il quitte la route qu'il doit couvrir, emmène ses troupes à travers champs dans la direction d'Anvers et ne s'arrête qu'après avoir fait quatre lieues. Louis XVIII lui-même, dans sa capitale improvisée, ordonne les préparatifs de son départ et n'attend qu'un dernier avis de ses commissaires à Bruxelles pour gagner Ostende.

Lorsque l'officier dépêché par Ney avait abordé Napoléon, ce dernier venait de visiter

(1) Tous ces faits sont rigoureusement exacts; ils ont eu la ville entière de Bruxelles pour témoin.

une partie du champ de bataille, et de voir emporter près de lui, par un boulet, un des généraux qui l'accompagnaient, officier de la plus haute distinction, le général Devaux, commandant de l'artillerie de la garde. Il était alors quatre heures. L'ordre d'avancer et d'aller au plateau est immédiatement donné à la garde : les colonnes se forment ; elles s'ébranlent pour achever la défaite de l'armée anglaise ; elles se mettent en marche. Dans ce moment, de fortes décharges d'artillerie se font entendre sur nos derrières. C'étaient Bulow et ses trente mille Prussiens qui opéraient leur puissante diversion. La garde dut soudainement s'arrêter.

Nous avons dit la marche du maréchal Grouchy durant la journée précédente. Blücher avait donc eu toute cette journée et la nuit du 17 au 18 pour réorganiser son armée. Ses communications avec Wellington n'avaient jamais été complètement interrompues. La veille, dans la soirée, il avait envoyé son chef d'état-major, le général Gneizenau, au général anglais pour concerter leurs mouvemens du lendemain. Il avait été convenu que celui des deux généraux qui serait attaqué par Napoléon, soutiendrait le choc et recevrait la bataille *à outrance*, tandis que l'autre manœuvrerait pour tomber sur le flanc de l'armée impériale. Blücher connut dans la nuit la position prise par les Anglais à l'entrée de la forêt de Soignes, ainsi que la présence de l'empereur et de ses principales forces en avant du plateau de Mont-Saint-Jean. Il fit immédiatement annoncer à Wellington qu'il arriverait à son secours. Le corps de Bulow était le moins fatigué; il n'avait pas encore combattu. Ce corps, *dès la pointe du jour* (1), reçut l'ordre de se porter sur le champ de bataille de Waterloo, et, dans le cas où la bataille serait engagée lorsqu'il arriverait, d'attaquer notre flanc droit. Bulow, on l'a vu, déboucha du bois de Lasne vers onze heures. Il avait mis près de six heures pour faire deux lieues; encore n'était-il arrivé qu'avec des têtes de colonnes. A la vérité, les chemins de traverse qu'il avait eu à franchir sont affreux. Pendant plus d'une lieue, la voie, à peine assez large pour le passage d'une charrette, gravit ou descend des pentes tellement rapides, qu'il y a danger pour les chevaux ou les voitures qui osent s'y hasarder. La nature du sol augmente encore les obstacles ; quand on n'enfonce pas dans le sable on

(1) Rapport de Blücher sur les deux journées des 16 et 18 juin.

glisse sur la marne (1). Ce sont ces pentes et ces gorges, appelées les *défilés de la Chapelle-Saint-Lambert*, du nom du village dispersé sur les hauteurs et dans les fonds où passe le chemin, que l'empereur avait ordonné au maréchal Grouchy de faire occuper par une division de sept mille hommes de toutes armes. Il n'était pas besoin d'une force aussi considérable pour les garder ; quelques centaines d'hommes résolus pouvaient y arrêter toute une armée.

L'infanterie de Bulow avait pu le suivre. Son artillerie et sa cavalerie se firent attendre. Il était plus de deux heures lorsque tout le corps d'armée se trouva rassemblé. A trois heures, Bulow descendit vers Planchenoit ; à quatre heures son artillerie et ses trente mille soldats en vinrent aux prises avec l'artillerie et les dix mille combattans du comte de Lobau.

---

(1) La rapidité de ces pentes en certains endroits a obligé les habitans de placer, de distance en distance, en travers du chemin des troncs d'arbres, espèces d'escaliers qui servent de points d'arrêt ou de repos aux voitures. Le voyageur qui passe à la Chapelle Saint-Lambert a besoin de l'affirmation de tous les vieux habitans, pour croire qu'une armée, composée d'infanterie, de cavalerie et d'artillerie, a pu traverser le territoire de cette commune.

De tous nos généraux, le comte de Lobau était le plus ferme, le plus inébranlable sur une position. Choisi par l'empereur pour arrêter les Prussiens en avant de Planchenoit, il justifia sa réputation. Une première brigade prussienne se présente ; Lobau la repousse et la culbute ; une seconde brigade accourt ; elle est également mise en déroute. Bulow, à son tour, donne avec le gros de ses forces. Nos soldats, bien que se battant un contre trois, tinrent ferme long-temps. Obligés à la fin de céder au nombre, refoulés jusque sur l'église et sur le cimetière de Planchenoit, les régimens du 6e corps, durant près d'une heure, brisèrent tous les efforts des Prussiens contre cette position. Mais si Bulow ne gagnait pas de terrain, son artillerie s'étendait, et, débordant la droite du comte de Lobau dont la ligne était établie parallèlement à la route, à moins de trois cents toises au delà de la *maison d'Ecosse*, ses canons et ses obusiers prolongeaient leur feu sur nos derrières. Les boulets Prussiens, balayant alors la chaussée, arrivaient jusque dans le groupe où était l'empereur. Cette chaussée n'était pas seulement notre unique route de retraite, elle servait à tous les mouvemens de l'armée. Napoléon, pour ne pas se laisser tourner, dut se résoudre à envoyer au comte de Lobau la division de jeune garde faisant partie des régimens qui, une heure auparavant, s'étaient ébranlés, puis arrêtés au moment même où ils allaient porter au prince de la Moskowa le renfort qui lui aurait donné la victoire.

Ney, quand Bulow avait tiré ses premiers coups de canon à Planchenoit, se maintenait au pied du plateau, attendant, pour un décisif et dernier effort, les troupes de la réserve qu'il avait fait demander. A quelques pas de lui, Wellington, impassible et debout sous son arbre, dépêchait officiers sur officiers dans la direction de St-Lambert, et s'efforçait vainement, à travers les nuages de fumée que la poudre répandait sur le champ de bataille, de saisir un indice de l'arrivée si positivement promise et si impatiemment attendue des soldats Prussiens. Rien ne paraissait. Tout fuyait en désordre, on se le rappelle, sur les derrières de son armée. La route de Bruxelles, encombrée de blessés et de bagages, rendait, en outre, la retraite impossible; et, cependant, une seconde fois il voyait venir la défaite. Tout-à-coup, au loin, sur la droite et en arrière de notre champ de bataille, éclate l'artillerie de Bulow. De sa position élevée sur le plateau, le duc bientôt peut même saisir la vive lueur des canons prussiens : la nouvelle court dans tous ses régimens ; la confiance renaît, les rangs se raffermissent, les différens carrés se rapprochent du bord du plateau ; sur toute la ligne les Anglais reprennent l'offensive.

Lorsque l'empereur, au bruit du canon de Bulow, avait arrêté la marche de sa garde, il avait fait dire au maréchal Ney que, ne pouvant disposer de sa réserve avant de connaître le résultat de l'intervention de ce nouvel adversaire, il lui recommandait de se borner à garder la Haie-Sainte, de la créneler et de suspendre toute opération offensive jusqu'à ce que l'effort du général prussien fût décidé. Ney obéit ; mais Wellington, nous venons de le dire, rassuré par l'arrivée de Bulow, venait de passer de la défense à l'attaque. Le premier résultat de ce mouvement fut une tentative violente contre la Haie-Sainte. Les régimens anglais chargés de reprendre cette position, vigoureusement repoussés par notre infanterie, eurent en outre à supporter les coups des cuirassiers Milhaut, de la cavalerie légère de la garde, lanciers et chasseurs, que Ney lança successivement contre eux. Ces braves cavaliers, que leurs efforts précédens auraient dû lasser et qui se battaient au milieu de boues épaisses, visqueuses, sur un terrain couvert de récoltes dont la hauteur atteignait le poitrail de leurs chevaux, étaient partis aux cris de *vive l'empereur !* Leur élan les avait portés au bord du plateau. Une fois là, ils ne veulent pas s'arrêter ; dans un effort furieux ils franchissent le talus, s'élancent sur les batteries qui couvrent le front de la ligne anglaise, sabrent les canonniers et chargent les carrés d'infanterie destinés à protéger ceux-ci. Ney n'a pu voir sans être ému la brillante charge de sa cavalerie ; son ardeur l'emporte ; il oublie les ordres de l'empereur, et se jetant sur la trace des chasseurs et des lanciers de la garde et des cuirassiers, lui-même monte à l'assaut de ce rempart jusqu'alors infranchissable, le gravit et paraît sur la crête, salué par les applaudissemens de tous ses soldats. Il fait annoncer ce succès à l'empereur et sollicite de rechef l'envoi de quelques régimens de la réserve. L'ennemi, disait-il, pliait sur tous les points ; une partie de ses carrés semblaient se retirer du champ de bataille. Napoléon, quand cette nouvelle demande de renforts lui arriva, venait d'envoyer au comte de Lobau l'infanterie de la garde dont il pouvait disposer. C'était la seconde fois depuis moins d'une heure que l'intervention des trente mille Prussiens de Bulow, en arrière de notre flanc droit, empêchait l'empereur de lancer contre l'armée anglaise ébranlée, les forces qui devaient achever sa défaite. Dans un autre moment, il aurait applaudi au brillant fait d'armes de Ney ; ce coup hardi le mécontenta ; il dit au major-général : « Voilà un mouvement pré- » maturé qui pourra avoir des résultats funes- » tes sur cette journée. » Le duc de Dalmatie s'emporta contre son collègue : « Votre » Majesté a raison, répondit-il ; il nous com- » promet comme à Iéna. »

Cependant les cuirassiers Milhaut et la cavalerie légère de la garde désunis par l'énergie même de leur attaque, privés du soutien que Ney attendait, et chargés à leur tour par la cavalerie ennemie, n'avaient pas tardé à se voir repoussés du plateau ainsi que le maréchal, et forcés de se replier derrière notre première ligne. Informé de ce mouvement rétrograde, Napoléon voulut maintenir du moins celle-ci ; il fit partir, à défaut d'infanterie, les deux divisions des cuirassiers Kellermann. Lorsque ces quatre brigades, parvenues à la hauteur de la Haie-Sainte, se rangèrent pour charger, les cuirassiers Milhaut, les chasseurs et les lanciers de la garde, impatiens de porter de nouveaux coups, vinrent prendre place à côté d'eux. Tous s'ébranlèrent bientôt aux cris de *vive l'empereur!* Les grenadiers à cheval et les dragons de la garde au nombre de 2,000 h., sous les ordres du général Guyot, se trouvaient en arrière. C'étaient les seuls régimens qui restaient à l'empereur de cette réserve de grosse cavalerie qui, bien employée, lui avait donné tant de fois la victoire. Ils ne surent pas résister à l'entraînement de l'exemple, à ce besoin de combattre qui animait toute cette armée. En voyant leurs camarades de la garde et de la ligne qui s'avançaient, ils s'avancèrent. Vainement Napoléon, averti de ce mouvement intempestif, essaie de l'arrêter; les ordres des officiers qu'il envoie, étouffés sous les cris de *vive l'empereur!* qui sortent de toutes les bouches, ne sont pas entendus. Cuirassiers Kellermann et Milhaut, lanciers, dragons, chasseurs et grenadiers à cheval de la garde, tous s'élancent droit à la cime du fatal plateau. Ils étaient sept mille chevaux. La cime du plateau est une seconde fois franchie. Cette masse de cavaliers d'élite, dont le galop ébranle la terre, tombe avec la fureur de l'ouragan sur de longues files de cavalerie qui semblent les attendre et qu'ils voient rangées devant eux.

Celles-ci se replient à droite et à gauche et démasquent une batterie de soixante pièces qui vomit la mort sur nos soldats. Ces braves gens n'en sont point ébranlés ; ils se précipi tent sur les canons, renversent, tuent les canonniers, et continuant leur course intrépide, se lancent sur les carrés d'infanterie formés en arrière des batteries qu'ils viennent d'emporter. Les carrés tiennent ferme ; nos escadrons tourbillonnent autour d'eux ; quelques uns dans leur élan traversent la seconde ligne anglaise et viennent jeter le désordre dans les réserves. En ce moment, nos sept mille cavaliers parcourent en maîtres toute la surface du plateau ; ils le sillonnent dans tous les sens du pied de leurs chevaux, à travers les espaces libres qui séparent chaque carré. Ils chargent partout, sur tous, sans pouvoir cependant briser la passive résistance de l'infanterie britannique. Après chaque charge, le carré qu'ils quittent se déploie et les accable de son feu ; nos cavaliers reviennent, le carré se reforme : onze fois la brigade du major-général Hackett répéta cette manœuvre ; elle fut chargée onze fois. Cette brigade était composée des 69e, 30e, 33e et 73e régimens. Après la onzième charge pourtant, le 69e était taillé en pièces ; les deux tiers des soldats composant les trois autres régimens étaient couchés par terre. Sur certains points de la seconde ligne, des escadrons français, anglais, hollandais, chargeant les uns contre les autres, se trouvèrent mêlés. Cette effroyable lutte, dont l'histoire n'offre peut-être pas d'exemple, dura près de deux heures (1). Au milieu de cette mêlée, Wellington, lord Hill, le prince d'Orange, courant d'un carré à l'autre, et s'y tenant alternativement renfermés, encouragent leurs soldats, leur rappellent la présence des Prussiens sur nos derrières et leur annoncent l'arrivée de nouveaux secours. « Tenez fermes, *my boys* (2), » s'écriait Wellington ; « si nous quittons d'ici, » que dira-t-on de nous en Angleterre ? » Les fantassins anglais doublent et triplent leurs rangs, mais à chaque instant de nouvelles charges les entament. Wellington voudrait vainement abandonner le champ de bataille ; non seulement son unique route de retraite à

---

(1) « Le duc de Wellington m'a assuré lui-même, au congrès de Vérone, qu'il n'avait jamais rien vu de plus admirable à la guerre que les charges réitérées des cuirassiers français sur ses troupes de toutes les armes. »

(Note du général JOMINI — *Campagne de* 1815.)

(2) Mes enfans, mes garçons.

travers la forêt est fermée par les voitures de blessés, par les fourgons et par les chariots qui l'encombrent, mais la présence de notre cavalerie au milieu de ses régimens qu'elle atteint par des charges sans relâche, le met dans l'impossibilité de faire la moindre disposition, d'ordonner le moindre mouvement. « Mon » Dieu ! » s'écrie-t-il avec désespoir, « me » faudra-t-il donc voir tailler en pièces tous » ces braves gens (1) ! » Un aide-de-camp lui annonce que la 5e division, réduite de quatre mille hommes à quatre cents, ne peut plus tenir ses positions. « Il faut pourtant qu'elle » reste avec moi sur le terrain jusqu'au der- » nier homme, répond le duc ; il n'y a que » la nuit ou Blücher qui puissent nous tirer » d'ici. » La ténacité de ses soldats répond, au reste, à la sienne ; ils semblent cloués à la terre. A ce moment, toutefois, le moindre effort décidait la victoire ; mais, par une fatalité déplorable, notre réserve de cavalerie tourbillonnait alors sur le plateau, et les soldats du comte de Lobau, ainsi que les régimens de la garde, formant notre réserve

(1) *La cavalerie française nous entourait comme si c'eût été la nôtre.* (Lettre de lord Wellington à lord Béresford. — *Recueil des dépêches et ordres du jour,* déjà cité, n° 972.)

d'infanterie, combattaient en arrière de notre ligne de bataille, à Planchenoit. Ils venaient d'y écraser les Prussiens.

D'abord la marche offensive de ces derniers s'était arrêtée, puis leur feu était demeuré stationnaire; bientôt les boulets de l'artillerie prussienne n'arrivèrent plus sur la chaussée; une demi-heure après, Bulow, abordé à la baïonnette par la division de jeune garde que conduisait le général Duhesme, et par les fantassins du 6e corps que soutenaient des charges fournies par la cavalerie des généraux Domont, Jacquinot et Subervie, se voyait chassé de Planchenoit. Au bout d'une heure le lieutenant de Blücher, repoussé par Lobau au delà de ses premières positions, se retirait en désordre. Le rôle actif de cette seconde armée ennemie, sur le champ de bataille, venait de cesser.

Napoléon connut la retraite de Bulow en même temps que les premiers résultats de l'irruption de notre grosse cavalerie sur le plateau de Mont-Saint-Jean. Ce plateau formidable était enfin dans nos mains; nos cavaliers le parcouraient dans tous les sens, librement et en maîtres; et six drapeaux, gage de leur triomphe, venaient d'être présentés à l'empereur en face de la Belle-Alliance par trois chasseurs de la garde et par trois cuirassiers. Cette fois la victoire paraissait certaine. Une armée prussienne qui, de toute la campagne, n'avait pas tiré un coup de fusil, venait de nous attaquer lorsque nous étions en plein combat contre des forces anglaises presque doubles des nôtres; et pourtant nous l'avions emporté sur ces deux adversaires, nous avions vaincu deux armées sur le même champ de bataille. Soixante-cinq mille Français, privés la plupart de nourriture depuis la veille et luttant au milieu de la boue, avaient battu cent vingt mille hommes. La joie, autour de Napoléon, était sur toutes les figures, l'espoir dans tous les cœurs. Cette joie devait être courte.

La charge de nos sept mille cavaliers sur le plateau, mieux dirigée, convenablement conduite, aurait décidé de la journée. Faute d'un chef, elle devait rester stérile. Si Murat, par exemple, se fût trouvé à la tête de cette masse de cavalerie, pas un bataillon anglais ne serait resté debout (1). Malheureusement,

---

(1) On sait que Murat, le 11 janvier 1814, avait fait alliance avec la coalition, au moment où son secours était le plus utile à la cause impériale. Au mois d'avril 1815, il avait attaqué l'Autriche, lorsque l'empereur avait un puissant intérêt à ce que son

aucun des généraux mêlés à cet effort n'avait l'autorité morale suffisante ni la main assez forte pour maîtriser tous ces régimens. Il y eut un entraînement commun, mais nul ensemble. Les coups restaient pour ainsi dire iso-

---

beau-frère se réservât pour une diversion qui pût coïncider avec la nouvelle lutte que la France allait engager contre l'Europe. Sa défection, comme sa levée de boucliers prématurée, furent également fatales à Napoléon. Battu par les Autrichiens à Tolentino le 4 mai, forcé de quitter Naples le 20, Murat débarqua le 25 sur la plage de Cannes, et fit demander à Napoléon la permission de se rendre à Paris. L'empereur lui fit défendre de se présenter devant lui, et lui assigna le département du Var pour résidence. La double faute de Murat était sans excuse, sans doute : mais il l'aurait probablement rachetée comme soldat sur le champ de bataille de Waterloo. Son absence fut regrettée. Napoléon disait à Sainte-Hélène : « Je l'eusse emmené à Waterloo (Murat); mais il y avait dans l'armée française tant de moralité et de patriotisme, qu'il est douteux qu'elle eût voulu supporter le dégoût qu'avait inspiré celui qu'elle disait avoir trahi, perdu la France. Je ne me crus pas assez puissant pour l'y maintenir, et pourtant il nous eût valu peut-être la victoire. Jamais à la tête de la cavalerie on ne vit personne de plus déterminé, de plus brave, d'aussi brillant... Deux fois en proie aux plus étranges vertiges, il fut la cause de nos malheurs : en 1814, en se déclarant contre la France ; en 1815, en se déclarant contre l'Autriche. »

lés ; chaque régiment, chaque escadron chargeait en quelque sorte pour son propre compte. D'un autre côté, l'élan de la cavalerie la plus brave a ses limites ; les bras les plus robustes se fatiguent à frapper. Il arriva donc que, privés de direction, désunis par leurs mouvemens autour de chaque carré, décimés par le terrible feu de l'infanterie anglaise, lassés, épuisés, nos héroïques cavaliers, attaqués à leur tour par la cavalerie britannique restée inactive durant la plus grande partie de cette lutte, se virent, au bout de deux heures de charges sans relâche, ramenés au pied de la position. Ils s'y arrêtèrent, les cuirassiers en première ligne, et bravant avec la plus incroyable audace, sans bouger, le feu des pièces qu'ils avaient prises et qui tiraient maintenant contre eux ; le feu de l'infanterie qu'ils avaient si long-temps sabrée et qui s'avançait à demi-portée de fusil sur le bord de la rampe qu'elle n'osait pourtant dépasser (1).

(1) Lorsque les cuirassiers qui avaient combattu à Waterloo rentrèrent en France, après cette fatale et courte campagne, on remarquait avec étonnement que presque tous étaient blessés au bras gauche : c'était le côté du corps que, dans la position prise par eux après cette charge, ils présentaient à l'artillerie et à la mousqueterie anglaises.

Il était alors sept heures. L'empereur, averti du mouvement offensif de la cavalerie anglaise, s'était empressé, quelques instans auparavant, de donner à quatre bataillons de moyenne garde, les premiers revenus de Planchenoit, l'ordre d'aller maintenir notre grosse cavalerie sur les positions qu'elle avait conquises, et que, dans sa pensée, elle devait encore occuper sur le plateau. Lui-même, maintenant que l'intervention de Bulow sur nos derrières se trouvait annulée, résolut de se placer à la tête du reste des troupes pour accomplir ce que l'effort de toute notre cavalerie n'avait pas obtenu, pour achever la destruction de l'armée anglaise. Pendant qu'il faisait ses dispositions dans ce but, les quatre bataillons de moyenne garde avançaient. L'apparition de cette nouvelle colonne dont tous les soldats portaient de hauts bonnets à poil et qui marchait silencieuse et compacte, frappa Wellington revenu, à ce moment, à sa place de bataille. Opposer des hommes à ces hommes d'élite, c'était courir la chance d'un échec presque certain; le duc ordonna de briser la colonne à coups de canon; une batterie qui ne devait tirer qu'à mitraille, vint immédiatement s'établir dans la direction des quatre bataillons. Au moment du choc, le général anglais et son état-major devinrent attentifs; la mousqueterie autour d'eux cessa.

La tête de la colonne ne tarda pas à se trouver à portée; les soldats qui la composaient montaient lentement les pentes du plateau; ils marchaient de front, alignés et calmes comme en un jour de revue; tous avaient l'arme au bras. Les canons anglais tonnent. Wellington et les officiers qui l'entourent regardent : la forêt de bonnets à poil qu'ils ont devant eux subit alors, dans sa partie la plus rapprochée, ce mouvement d'ondulation qu'imprime un fort coup de vent aux hauts épis d'un champ de blé. Le balancement s'affaiblit et s'efface. La colonne se remet en marche; elle semble moins profonde, mais le pas des soldats est toujours aussi ferme et aussi lent, les fusils sont aussi droits, les files aussi égales, aussi serrées; on n'entend pas un coup de feu, pas le moindre cri. Une seconde décharge éclate : on a tiré de plus près. L'oscillation, à la surface des premiers rangs, est plus prononcée que la première fois; comme la première fois, les bonnets et les fusils, après s'être lentement penchés à plusieurs reprises de la gauche à la droite et de la droite à la gauche, se redressent. La colonne se meut de nouveau; elle avance toujours lente, toujours silencieuse; son front, toujours aligné comme un mur, ne présente aucun vide; seulement la masse semble considérablement réduite. La lueur des canons anglais brille une troisième fois. L'état-major ennemi, quand la fumée est dissipée, interroge avidement le terrain : la colonne apparut encore à la même place, ont dit des témoins oculaires; mais les soldats, restés debout, demeuraient immobiles; bientôt on les vit s'éloigner; deux bataillons venaient d'être presque entièrement détruits; les deux autres se retiraient en frémissant.

Pendant ce temps, l'empereur appelait à lui les troupes de Reille restées à Hougoumont ainsi que les régimens de la garde détachés à Planchenoit et que la retraite des Prussiens avait rendus disponibles, et il préparait ces infatigables soldats pour l'attaque qui devait donner le coup de grâce à l'armée anglaise (1).

Le jour baissait; il était plus de huit heures. Dans le même moment, Wellington, comprenant que l'effort qui se préparait devait être le dernier, disposait sa défense en général

(1) Les troupes du comte de Lobau furent seules laissées à Planchenoit.

qui sait que le secours lui arrive, que son salut tient à une résistance de courte durée, tandis que s'il faiblit, pas un canon, pas un homme de son armée ne peuvent échapper. Tous les détachemens encore debout autour de lui, les soldats d'artillerie que nos cavaliers n'avaient pu atteindre, les pièces qu'ils ont enlevées sans pouvoir les emmener (1), tout ce qui lui reste de forces, en un mot, est concentré sur le bord du plateau. Le calme du duc pourtant l'abandonne ; il est visiblement alarmé. A chaque instant il interroge sa montre ; de minute en minute il envoie des officiers en découverte dans la direction d'Ohain.

L'abandon du plateau par notre cavalerie, mais surtout le mouvement rétrograde des quatre bataillons de moyenne garde que l'artillerie anglaise venait de repousser, avaient ébranlé l'infanterie du prince de la Moskowa. L'empereur, averti, prend les devans sur sa garde et arrive près de la Haie-Sainte au moment ou plusieurs régimens du maréchal se mettaient en pleine retraite. Sa présence les

(1) Deux fois nos troupes étaient parvenues sur le plateau. Chaque fois, à l'approche de nos soldats, les artilleurs anglais, avec les avant-trains des pièces et les chevaux, se retiraient dans l'intérieur des carrés d'infanterie.

ranime ; il leur parle, les exalte. Bientôt quatre nouveaux bataillons de la moyenne garde paraissent ; les soldats de Reille arrivent à leur tour. Napoléon forme de toutes ces troupes plusieurs colonnes d'attaque et va se placer à la gauche de la Haie-Sainte, au fond du ravin, pour présider à leur défiler. Puis, tandis que l'artillerie des deux armées, tonnant sur les deux hauteurs de Mont-Saint-Jean et de la Belle-Alliance, forme sur sa tête une voûte de feu, il jette à chaque régiment quelques paroles ardentes, et répond aux cris d'enthousiasme des soldats en leur montrant de la main la formidable position qu'ils doivent enlever (1). Tous semblent animés d'une vigueur et d'une énergie nouvelles. Des blessés en grand nombre, le visage ensanglanté ou meurtri, sont mêlés dans les rangs décidés à se battre tant qu'ils se tiendront

(1) La profondeur du ravin tenait surtout à l'exhaussement du plateau de Mont-Saint-Jean. Depuis le nivellement, ce n'est plus qu'un simple pli de terrain. Ainsi la Haie-Sainte, malgré sa position entre les deux armées, ne fut pour ainsi dire pas atteinte par les boulets tirés d'un plateau à l'autre ; ses cheminées, ses toits furent à peine endommagés. Aujourd'hui, des batteries, occupant les mêmes positions, raseraient toute la partie supérieure des bâtimens.

debout, impatiens de concourir à la victoire, résultat certain, pour eux, du dernier effort ordonné par leur chef. Les officiers agitent leurs épées, les fantassins leurs fusils, les cavaliers leurs sabres. L'exaltation est dans toutes les âmes; tous jurent de vaincre; Ney les conduit.

Dans ce moment, une vive fusillade éclate à notre extrême droite. Des officiers accourent; ils annoncent que les corps allemands et belges formant l'extrême gauche de l'armée anglaise, attaqués et pris à dos par des troupes venant dans la direction de Wavres, sont chassés à coups de canon et à coups de fusil des positions qu'ils défendent contre nous et se replient dans le plus affreux désordre sur le centre de Wellington. « C'est Grouchy ! » s'écrie Napoléon. Labédoyère court à la tête des colonnes ; il annonce la nouvelle ; des cris de *vive l'empereur !* lui répondent ; puis on entend ces mots sortir de toutes les bouches : *en avant ! en avant !*

Napoléon, durant toute la bataille de Ligny, avait vainement appelé les 47,000 hommes de son *aile gauche*. Durant toute la bataille de Waterloo, il devait attendre non moins vainement les 35,000 hommes de son *aile droite*.

Les instructions données par l'empereur au maréchal Grouchy, la veille 17, sur le champ de bataille de Ligny, étaient ainsi conçues : « Mettez-vous à la poursuite des Prus- » siens, complétez leur défaite en les atta- » quant dès que vous les aurez joints, et ne » les perdez jamais de vue. Jevais réunir au » corps du maréchal Ney les troupes que j'em- » mène; marcher aux Anglais et les combattre » s'ils tiennent de ce côté-ci de la forêt de » Soignes; vous correspondrez avec moi par » la route pavée qui mène aux Quatre- » Bras (1). » Le chef de l'*aile droite*, on le sait, s'était arrêté le soir du 17 à Gembloux, après avoir fait moins de deux lieues. La fâcheuse lenteur de cette marche, résultat, nous l'avons dit, de retards indépendans de la volonté du maréchal, devait et pouvait se trouver réparée le lendemain. En admettant même que M. de Grouchy n'eût pas reçu, ainsi qu'il l'a constamment affirmé, les deux ordres verbaux qui lui furent expédiés par l'empereur dans la nuit du 17 au 18 (2), ordres

(1) Ces instructions étaient verbales; nous les donnons *telles* que M. de Grouchy lui-même les a reproduites dans les nombreux écrits qu'il a publiés sur son rôle dans la journée du 18.

(2) Voir ces deux ordres, pages 106 et 109.

dont il a même nié la réalité et qui auraient été composés, a-t-il dit, dans les loisirs de Sainte-Hélène, toujours est-il que, détaché à la poursuite d'un ennemi battu, dont il avait perdu la trace, et qui avait sur lui l'avance d'une journée, l'intelligence la plus vulgaire de sa position et de ses devoirs lui imposait l'obligation de se mettre en marche *dès la pointe du jour*. Or, des documens irrécusables que nous avons sous les yeux, constatent que le 18, entre sept et huit heures du matin, à une époque de l'année où le jour commence à trois heures, le maréchal était encore de sa personne à Gembloux, et que ce fut seulement à la même heure que le 4e corps (Gérard) reçut son ordre de mouvement. « Nous perdons un temps bien précieux, » disait le général Gérard, sur les sept heures, à l'inspecteur aux revues Denniée ; « je ne » puis pas provoquer les ordres du maréchal, » je ne le veux pas ; mais vous, qui le connais- » sez, allez le voir et tâchez de savoir ce qu'il » veut faire. »

Dans son rapport, daté de Gembloux, *dix heures du soir* (1), le maréchal Grouchy disait à l'empereur : « Le général Excelmans

(1) Voir ce rapport, page 110.

a ordre de pousser ce soir six escadrons sur Sart-à-Walhain.... D'après leur rapport, si la masse des Prussiens se retire sur Wavres, je la suivrai dans cette direction afin qu'ils ne puissent gagner Bruxelles et *de les séparer de Wellington.* » Dans la soirée, le général Excelmans, qui suivait les Prussiens pas à pas, malgré le mauvais temps, et bien qu'il fût sans un seul peloton de cavalerie légère, avait effectivement fait dire au maréchal « que les Prussiens se retiraient sur Wavres *pour se rapprocher de l'armée anglaise.* » Le lendemain de bonne heure, Excelmans lui avait encore envoyé le chef d'escadron d'Estourmel pour lui répéter « que l'armée prussienne avait *continué son passage à Wavres*, pendant une partie de la nuit et de la matinée, *pour se rapprocher des Anglais.* » Ces informations, que confirmaient, au reste, tous les renseignemens donnés par les gens du pays (1), décidèrent le maréchal à se porter sur Wavres. Cette direction était pour ainsi dire parallèle

(1) « Les domestiques même de son hôte, M. Delrue, que les Prussiens avaient pris pour guides, vinrent rendre compte de la direction qu'ils avaient prise (Wavres). »

(Général G. de VAUDONCOURT, *Campagnes de 1814 et de 1815.*)

à la route suivie la veille par l'empereur depuis les Quatre-Bras; la distance entre ces deux lignes variait de trois à quatre lieues; la Dyle coulait entre elles deux.

Nous venons de dire combien les ordres de mouvement avaient été tardifs; ils furent, en outre, si négligemment donnés, que le quatrième corps se vit obligé de faire halte au sortir de Gembloux, pour laisser défiler le troisième (Vandamme) qui devait marcher avant lui, et que le général Gérard ne put se mettre définitivement en route qu'à neuf heures (1). Enfin, les principaux corps de cette armée, par une disposition passablement étrange, marchaient sur une seule colonne.

On compte environ trois lieues et demie de Gembloux à Wavres. A onze heures, le corps de Gérard avait parcouru le tiers à peu près de cette distance et se trouvait à la hauteur des deux villages de Walhain et de Sart-à-Walhain, distans l'un de l'autre de moins d'un quart de lieue. Le général Gérard, apprenant que le maréchal était arrêté dans ce

(1) Tous ces détails, ainsi que ceux qui précèdent, comme ceux qui vont suivre, sont textuellement reproduits de documens originaux que nous avons sous les yeux.

dernier village, vint trouver le général en chef. Le maréchal, quand Gérard arriva, était à table (1). Des officiers, en grand nombre, remplissaient la maison ou se promenaient dans le jardin ; l'un de ceux-ci, le colonel Simon-Lorrière, faisant les fonctions de chef d'état-major du quatrième corps, en remplacement du général Saint-Rémy, grièvement blessé l'avant-veille, crut entendre des détonations d'artillerie sur la gauche, dans la direction qu'avait dû suivre l'armée conduite par l'empereur. Le bruit était sourd ; il tombait une pluie très fine. Les détonations se répétèrent. Le colonel courut avertir le chef du quatrième corps. Ce dernier et le maréchal sortirent immédiatement et allèrent se placer au centre du jardin, dans un kiosque où se trouvaient déjà plusieurs généraux ainsi qu'un assez bon nombre d'officiers d'état-major, tous attentifs au bruit. Plusieurs de ces derniers, M. de Rumigny, aide-de-camp du général Gérard, entr'autres, étaient couchés, l'oreille contre terre, pour mieux saisir la direction des décharges ; tous déclaraient qu'elles venaient

(1) « Je le trouvai mangeant des fraises. » (Maréchal Gérard. — *Quelques documens sur la bataille de Waterloo.*)

de la gauche. La pluie bientôt cessa; les nuages s'élevèrent; les coups alors se firent plus distinctement entendre; la canonnade resta quelque temps stationnaire, puis elle augmenta et devint enfin si forte, qu'au dire de tous les témoins de cette scène, la terre en tremblait. « C'est une seconde bataille Wagram ! » s'écria le maréchal Grouchy lui-même.

On fit appeler le maître de la maison, un notaire nommé Hollaert. Le maréchal lui demanda quel était le lieu d'où ces décharges effroyables semblaient venir. M. Hollaert indiqua la forêt de Soignes, distante d'environ trois lieues et demie. « Il faut marcher sur-le-» champ au canon, M. le maréchal, dit le » général Gérard; il faut nous mettre promp-» tement en rapport d'opérations avec l'em-» pereur. » Le maréchal objecta ses ordres. Il devait, disait-il, suivre l'ennemi et ne pas le quitter. « Eh bien! répliqua Gérard, per-» mettez-moi d'exécuter le mouvement avec » mon seul corps et la division de cavalerie du » général Valin; vous suivrez les Prussiens avec » le reste des troupes. Ce que vous avez de-» vant vous ne saurait vous inquiéter puisque » le général Excelmans vous a informé que » Blücher a franchi la Dyle dans la nuit avec

» la majeure partie de ses troupes; dans tous » les cas, la jonction de mon corps avec l'ar- » mée de l'empereur ne peut qu'être utile à » vous et à S. M. »

Dans ce moment un groupe d'officiers, parmi lesquels se trouvait le général de génie Valazé, fit irruption dans le jardin; tous accouraient étendant la main vers la gauche et s'écriant : « Voilà la bataille ! c'est là qu'est la bataille ! » Le général Valazé était accompagné d'un guide sorti de la garde impériale et qui avait revêtu son ancien uniforme. « Où » est le feu ? lui demanda le général. —Vers » Mont-Saint-Jean, répondit le guide, et dans » trois heures nous pouvons être là où on se » bat (1). » M. Hollaert, consulté une seconde fois, confirma cette déclaration. « Il faut mar- » cher au canon ! » dit encore le général Gérard avec une chaleureuse insistance. « Au canon ! »

---

(1) « La distance exacte de Sart-à-Walhain à Frischermont (entre Lasne et Planchenoit), n'est pas de plus de quatre heures, d'après les renseignemens pris sur les lieux mêmes, et qui constatent qu'elle peut être facilement parcourue, à pied, en trois heures et demie. De plus, il existe un pont pour les voitures à Ottignies, village qui touche à Moustiers. »

(Maréchal Gérard.—*Dernières observations sur la bataille de Waterloo.*)

répétaient le général Valazé et tous les officiers groupés autour du kiosque. « Au canon ! au canon ! » criaient également les dragons du colonel Bricqueville (20e régiment) ainsi qu'une foule d'officiers et de soldats de toutes armes, qui, émus, eux aussi, par le bruit de l'artillerie, se tenaient debout tout à l'entour du jardin, et suivaient avec une attention inquiète chacun des détails de l'espèce de conseil réuni sous leurs yeux dans l'intérieur ouvert du kiosque. Les dragons étaient les plus animés ; montrant de la main de légers nuages suspendus à l'extrémité la plus reculée de l'horizon, ils y voyaient la fumée du champ de bataille ; quelques uns même affirmaient distinguer la lueur des obus.

On continuait cependant à discuter. Le maréchal, s'appuyant de l'autorité du général d'artillerie Baltus, faisait observer que par suite du mauvais état des chemins que les pluies de la veille et de la nuit avaient détrempés, les voitures de l'artillerie ne pourraient suivre les troupes. « J'ai trois compagnies de » sapeurs, répliquait le général Valazé ; elles » me suffiront pour aplanir les difficultés prin- » cipales. » — « Dans tous les cas, ajoutait le » général Gérard, je réponds d'arriver avec » les pièces et leurs coffrets. » Instances vaines! Il n'était pas une heure, le maréchal pouvait paraître sur le champ de bataille de Waterloo avant même l'attaque de Bulow à Planchenoit. Il donna l'ordre de continuer la marche sur Wavres.

Le hasard cependant faillit à triompher des hésitations du marquis de Grouchy.

On a vu que le général Domont, détaché par Napoléon sur les onze heures, vers les positions où s'étaient montrés les premiers détachemens de Bulow, avait envoyé dans différentes directions des patrouilles d'élite *pour communiquer avec le maréchal Grouchy et lui porter des avis et des ordres* (1). Quelques unes de ces patrouilles, appartenant à un régiment de hussards commandé par le colonel Marbot, avaient poussé jusqu'à la Dyle et s'étaient arrêtées sur les ponts de Moustiers et d'Ottignies. Tandis que ces reconnaissances se portaient ainsi à la rencontre des troupes de l'*aile droite* par la rive gauche de la Dyle, le général Excelmans avec son corps de dragons s'avançait dans la même direction par la rive droite. Ce général averti, lui aussi, par le canon de Waterloo, voulait passer la rivière. Il porta sa brigade de gauche commandée par le

(1) Voir plus haut, page 127.

général Vincent, vers Moustiers. Les bords de la Dyle, en cet endroit, sont couverts de bouquets de bois et de broussailles épaisses. Excelmans avait besoin de quelques détachemens d'infanterie pour appuyer son mouvement. Il les fit demander au maréchal et attendit leur arrivée pour donner à sa brigade de gauche alors arrêtée à la ferme de la *Paquerie*, l'ordre de se porter sur l'autre rive. Le maréchal lui fit répondre qu'il allait se rendre près de lui et lui donner des ordres. A quelques instans de là, Excelmans aperçut la brigade qui se repliait; étonné de ce mouvement, il courut au général Vincent. Ce dernier, lui montrant le maréchal qui s'éloignait, dit qu'il venait d'en recevoir l'injonction de quitter les approches de la rivière et de rejoindre la droite.

Vainement Excelmans se récria contre ce mouvement étrange qui réunissait les troupes de toutes armes sur une seule ligne, et les éloignait du point où le canon se faisait entendre, la brigade Vincent dut poursuivre son changement de direction. Encore quelques pas, pourtant, et les dragons de ce général donnaient la main aux hussards du colonel Marbot. Ces hussards, qui communiquaient par une série de petits postes à l'armée de Waterloo, restèrent plusieurs heures sur les ponts de Moustiers et d'Ottignies, ne se doutant pas que les trente-cinq mille hommes dont ils attendaient des nouvelles, défilaient à quelques centaines de toises de là, sans que le chef qui conduisait cette armée prît la précaution de faire éclairer par une seule patrouille les bords de la rivière dont il descendait le cours, sans que la pensée lui vînt d'envoyer une seule reconnaissance sur les ponts que dans sa marche il laissait ouverts derrière lui. Ces oublis des plus simples règles de la guerre sont d'autant plus inconcevables que les décharges d'artillerie, cause d'émotion si profonde pour les simples soldats comme pour les généraux de son armée, n'étaient pas les seuls avertissemens qui lui fussent transmis.

Le général Berthezène, commandant l'une des divisions (la 11e) du corps de Vandamme, était arrivé sur les deux heures à *la Barraque*, à une lieue environ en avant de Wavres. Le plateau sur ce point est assez élevé et domine une partie du bassin de la Dyle. Depuis midi les régimens de ce général, comme tous les autres corps de l'armée, marchaient poursuivis par le bruit du canon de Waterloo. Parvenus sur les hauteurs, officiers et soldats interrogèrent avidement du regard la partie de l'horizon d'où partaient ces lointaines décharges d'artillerie. Les objets restèrent d'abord fort confus ; mais bientôt ils purent apercevoir, assez près d'eux, sur les plateaux régnant de l'autre côté de la Dyle, plusieurs corps de troupes en mouvement. Le général Berthezène dépêcha sur-le-champ au maréchal un officier chargé de lui annoncer que, de sa position, il *voyait très distinctement les Prussiens* qui marchaient *dans la direction du feu.* « Dites » au général, répondit le maréchal Grouchy, » qu'il soit tranquille ; nous sommes sur la » bonne route ; nous avons des nouvelles de » l'empereur, et il nous ordonne de marcher » sur Wavres. »

Le maréchal devançait les faits : à ce moment de la journée il n'avait encore reçu aucune nouvelle de Napoléon. Ce ne fut que long-temps après ce nouvel avertissement, à *quatre heures du soir*, lorsqu'il était arrivé déjà devant Wavres que le chef de *l'aile droite* reçut par l'adjudant-commandant Zenowich la première dépêche *écrite* de l'empereur, celle datée de la ferme du Caillou, *dix heures du matin* (1). Au lieu de couper au plus court

(1) L'heure à laquelle cette dépêche lui est ar-

et de se porter directement sur la route de Gembloux à Wavres, soit par les ponts de Moustiers ou d'Ottignies, où se trouvaient des détachemens de nos troupes, soit par les ponts jetés sur la Dyle entre ces deux points et Genape, trajet de trois ou quatre lieues au plus, l'adjudant Zenowich, prenant un immense et inutile détour, était revenu à Genape et aux Quatre-Bras, puis gagnant Sombref, Gembloux et Sart-à-Walhain, il avait enfin rejoint le maréchal Grouchy à moins d'une demi-lieue de Wavres. Il venait de faire onze lieues et de mettre six heures pour franchir cette distance. L'arrivée de la seconde dépêche *écrite*, datée du champ de bataille de Waterloo à *une heure après midi*, ne devait pas être moins tardive; elle ne parvint au maréchal Grouchy qu'à *sept heures du soir*. La première dépêche aurait dû lui arriver avant midi; la seconde avant trois heures. Etrange fatalité! Deux ordres contenant le salut de toute une armée, de tout un empire, sont l'un et l'autre confiés, en *un seul* original, à *un seul* officier, lorsque le moindre

---

rivée a été fixée par le maréchal lui-même dans ses nombreux écrits; il est d'accord, à cet égard, avec les principaux officiers de son armée.

accident, un simple faux pas, une chute, suffisent pour annuler cette double mission. Et comme si ce n'était pas assez, chaque officier, au lieu de trois lieues, en fait onze; au lieu d'une heure, reste six heures en chemin. Jamais, nous le croyons, il n'y eut exemple, en des circonstances aussi graves, d'une pareille incurie. Le nombre fut considérable, au reste, durant cette guerre de quatre jours, des ordres mal envoyés, reçus tardivement ou perdus. Il n'en était pas ainsi dans les précédentes guerres. Berthier, les jours de bataille, au lieu d'un ordre et d'un officier, faisait partir dix officiers et dix ordres, et ne cessait de s'inquiéter d'une mission que lorsqu'elle était accomplie. Bien des fautes qui furent faites n'auraient pas eu lieu, si le prince de Neufchâtel eût occupé son ancienne place dans l'état-major impérial; son absence et la nomination du maréchal Soult furent une des fatalités qui pesèrent sur Napoléon dans la campagne de 1815.

Le maréchal Grouchy, même à quatre heures du soir, pouvait encore intervenir utilement sur le champ de bataille de Waterloo. La dépêche qu'il venait de recevoir contenait ces passages : « S. M. désire que vous bait frappé d'une balle en pleine poitrine (1).

Quatre ordres avaient été expédiés au chef de l'*aile droite* depuis son départ du champ de bataille de Ligny : deux ordres *verbaux* dans la nuit du 17 au 18, deux ordres *écrits* dans la première moitié de la journée du 18. Le premier ordre *verbal* ne dut point lui parvenir ; il était adressé à Wavres, que les Prussiens occupaient, et lorsque le maréchal était encore à Gembloux. Il est également possible que le second ne lui ait pas été remis. D'un autre côté, le premier ordre *écrit*, en lui venant à quatre heures du soir et lorsque ses troupes étaient déjà engagées, lui arrivait peut être bien tard. Enfin, à sept heures, lorsqu'il reçut le second, toute intervention était matériellement impossible. La responsabilité de ces retards inexplicables, et dont on citerait difficilement un second exemple dans l'histoire d'aucune guerre, ne saurait peser sur lui ; elle appartient tout entière au maréchal Soult.

En revanche, une accusation qu'il ne peut

(1) On désespéra de la vie du général Gérard durant toute la soirée et une partie de la nuit ; ce fut seulement le lendemain matin que l'on put trouver et extraire la balle. Le général, rentré en France, fut encore assez long-temps en danger.

repousser, c'est l'inintelligence dont il a fait preuve à l'occasion de l'ordre verbal que lui donna l'empereur sur le champ de bataille de Ligny : « Mettez-vous à la poursuite des Prussiens; complétez leur défaite, ne les perdez pas de vue, » lui avait dit Napoléon. Le maréchal eut le triste destin de croire qu'il remplissait sa mission en suivant l'arrière-garde prussienne à grande distance et en marchant derrière elle par les mêmes chemins. Ce que l'histoire doit hautement lui reprocher surtout, c'est de n'avoir mis ses troupes en mouvement, le 18, qu'entre huit et neuf heures du matin, au lieu de leur faire prendre les armes cinq ou six heures plus tôt, *dès la pointe du jour*; c'est de n'avoir point tenu ses communications *constamment liées* avec l'empereur; c'est d'être demeuré inerte au bruit de l'épouvantable canonnade de Mont-Saint-Jean; d'être resté sourd aux conseils, aux avertissemens de ses généraux et au cri inspiré de toute son armée. Avec plus de décision et d'activité, avec une intelligence plus haute de la guerre et de sa position de chef d'armée, le maréchal Grouchy pouvait changer le désastre de Waterloo en un éclatant triomphe. Il dépendait de lui de le faire; il ne le fit pas; sa lenteur et son inaction furent la principale cause de la défaite : voilà la faute, ou, si l'on aime mieux, voilà le malheur, dont nulle justification ne peut le relever et qui suivra éternellement sa mémoire (1).

Les troupes qui disputaient les approches de Wavres aux soldats de Gérard et de Vandamme, se composaient du seul corps prussien de Thielmann. Le corps de Bulow, on l'a vu, avait quitté cette ville à la pointe du jour; ceux de Pirch et de Ziethen, partis dans la journée, se trouvaient dans les défilés de Saint-Lambert, lorsque le maréchal Grouchy avait commencé son attaque. C'étaient les régimens composant ces deux corps que, sur les deux heures, le général Berthezène et ses officiers avaient aperçus des hauteurs de La

---

(1) « Quelle est l'influence qui a pu décider le maréchal Grouchy à fermer l'oreille aux conseils salutaires qu'il avait reçus? La voix commune en accuse le commandant du 3e corps (Vandamme). Cette opinion a passé jusque chez nos ennemis, et on a été jusqu'à y faire entrer des vues de jalousie contre le commandant de l'aile droite (le maréchal). Nous aimons à croire, pour l'honnenr de tous les deux, qu'il n'en est rien. Le maréchal Grouchy paraît s'être effrayé d'une responsabilité dont il s'est exagéré les conséquences. »

(G. DE VAUDONCOURT, *Campagnes de* 1814 *et* 1815.)

Tous les renseignemens que nous avons pu recueillir tendent à confirmer cette opinion.

Barraque, marchant dans la direction du canon. Une fois engagés dans les défilés de Saint-Lambert, les soldats de Ziethen et de Pirch, laissant à leur gauche le village de Lasne, son bois et le chemin de Planchenoit, s'étaient portés sur Ohain. Leur chiffre dépassait 35,000 hommes ; Blücher les conduisait en personne. Ce général sortait des défilés lorsqu'il entendit les premiers coups de canon tirés par Grouchy devant Wavres. A peu de temps de là, un officier, expédié de cette ville, vint lui annoncer « que le général Thielmann était » attaqué par un corps très considérable, et que » déjà l'on se disputait la possession de la » ville (1). » Blücher se trouvait dans une position analogue à celle où était, l'avant-veille, le général Drouet-d'Erlon. Devait-il courir au secours de son lieutenant, ou persister à rejoindre son allié ? Blücher n'écouta que son audace ; il prit une résolution qui, dans une nature plus élevée, eût été une inspiration du génie. « Le feld-maréchal, ajoute le rapport » que nous venons de citer, ne fut pas inquiet » de la nouvelle. C'était sur le lieu où il se

(1) Rapport du général Gneizenau, chef d'état-major de Blücher, sur les journées des 16 et 18 juin 1815.

» trouvait, et non pas ailleurs, que l'affaire » devait se décider ; et si on pouvait l'emporter sur ce point, tout revers du côté de » Wavres était de peu de conséquence. C'est » pourquoi les colonnes continuèrent leur » mouvement. » Il était près de huit heures du soir lorsque Blücher, abandonnant le corps de Thielmann à toutes les chances d'une défaite, reprit sa marche ; une demi-heure après il débouchait sur le champ de bataille de Mont-Saint-Jean par les hameaux de La Haie, Smouhen et Papeotte.

Ces positions, nous l'avons dit, étaient défendues par le prince Bernard de Saxe-Weimar, ayant avec lui plusieurs brigades allemandes et belges dont les soldats avaient encore les habits qu'ils portaient quand ils combattaient dans les rangs de l'ancienne armée impériale. Trompé par la vue de leurs uniformes, le feld-maréchal prussien tomba sur eux. Ils voulurent vainement résister : Blücher, emporté par son impétuosité aveugle, les écrasa ; leurs débris se retirèrent en désordre sur le centre de la ligne anglaise (1). Les Prussiens

(1) « .... La victoire était encore douteuse, quand les Prussiens arrivèrent sur notre flanc gauche... Malheureusement ils prirent pour des Français mes Nassaus, qui ont encore l'uniforme français, quoi-

alors se trouvèrent en face de nos troupes ; ils chargèrent sur elles. C'était leur mousqueterie que l'on avait entendue à notre extrême droite, lorsque les colonnes formées par Napoléon et conduites par Ney s'apprêtaient à un dernier effort contre les positions de Wellington.

Au moment où cette nouvelle armée, la *troisième* que nous devions avoir à combattre, entrait à son tour en ligne à l'extrême droite de notre champ de bataille, les colonnes de Ney gravissaient les pentes du plateau de Mont-SaintJean malgré le feu de toute l'infanterie britannique ; l'affreux ravage que cette mousqueterie causait dans leurs rangs ne peut les arrêter : arrivés au pied de la terrasse, ils gravissent le talus sous une grêle de balles ; ils le franchissent, Ney à leur tête. Une nombreuse artillerie fait alors de larges trouées dans leurs rangs. Ney, que les boulets fatiguent et irritent, ordonne d'emporter les batteries à la baïonnette. Ses régimens se

---

que leurs cœurs soient bien allemands, et firent un feu terrible contre eux. Ils furent chassés de leur position (les Nassaus), et je les ralliai à un quart de lieue du champ de bataille. Mon général de division, dont *la première brigade a été totalement détruite*, est à présent avec moi. » (*Lettre du prince Bernard de Saxe-Weimar à son père.*)

précipitent sur les canons, les enlèvent et forcent les canonniers à se réfugier encore une fois dans l'intérieur des carrés chargés de soutenir les pièces. Ceux-ci sont abordés à leur tour; deux ou trois sont écrasés; d'autres, bien qu'enfoncés, se reforment et portent ou reçoivent de nouveaux coups. Le sol se couvre de morts et de mourans. L'intrépide général Michel, de la garde, est tué; le général Friant est blessé; Ney est renversé de cheval. Ce maréchal, le plus brave, le plus grand des soldats au milieu du feu, se relève, et l'épée à la main continue à commander, à guider nos soldats. L'infanterie, la cavalerie, toutes les armes ne tardent pas à se mêler. Sur tous les points de cet étroit champ de bataille, les rangs sont pressés, presque confondus; les efforts sont communs, mais les mouvemens n'ont plus d'ensemble. La lutte devient pour ainsi dire individuelle. Nos soldats ne combattent pas, ils tuent; partout des coups furieux, partout la mort (1). « Tout

(1) On lit dans une lettre du duc de Wellington au maréchal Beresford : « Je n'ai jamais vu de mêlée aussi effroyable. Des deux côtés, on ressemblait à ce que les boxeurs nomment des *gloutons*. » (N° 972 du *recueil* déjà cité.)—Les boxeurs luttent en *gloutons* quand le combat prend un tel caractère d'acharnement que les champions semblent songer moins à se battre qu'à s'entretuer.

» le monde se croyait perdu, a dit l'un des » aides-de-camp de Wellington, le général » espagnol D. Ricardo de Alava; lord Hill » s'approcha du duc et lui demanda ce qu'il » ordonnait. — Rien, répondit-il.—Mais vous » pouvez être tué, et il est important que celui » qui vous remplacera connaisse votre pensée. » —Je n'en ai pas d'autre que de tenir ici tant » que je pourrai ! » répliqua le duc.—« L'ar- » mée anglaise n'avait plus un homme dispo- » nible, ajoute à son tour le général Jomini; » tout était ébranlé, abîmé; si une troupe » fraîche se présentait, la bataille pouvait être » gagnée. » Encore quelques instans, et cette troupe fraîche allait intervenir. La vieille garde avançait.

Les huit bataillons de grenadiers composant ce corps d'élite, et que Napoléon lui-même avait formés, après avoir fait défiler les colonnes de Ney, marchaient ainsi disposés : un bataillon en bataille, ayant sur chaque flanc un bataillon en colonne serrée. Cette formation réunissait les avantages de l'ordre mince et de l'ordre profond. Deux brigades ainsi formées et marchant à distance de bataillon, composaient une première ligne derrière laquelle la troisième brigade était en réserve. L'artillerie occupait les intervalles. Mais pendant que cette redoutable colonne avançait sur le centre de l'ennemi ; lorsque le général Friant, obligé par sa blessure de quitter la terrasse de Mont-Saint-Jean, disait à l'empereur à cheval dans le ravin, «que tout allait bien sur le plateau, et qu'à l'arrivée de la vieille garde on aurait tout le champ de bataille,» à ce moment l'intervention de Blücher, à l'extrême droite de notre ligne, devait renverser encore une fois les calculs de Napoléon.

Ceux de nos régimens qui tenaient cette partie du champ de bataille, avaient d'abord attribué à l'intervention toujours attendue de Grouchy, l'attaque subie par les brigades allemandes et belges qui leur étaient opposées ; trompés par les coups échangés entre ces troupes et les nouveaux assaillans, ils se livraient à la joie et s'apprêtaient à donner la main à des frères d'armes, lorsque Blücher et la nouvelle armée qu'il conduisait, loin de fraterniser, tombèrent brusquement sur eux. Ne comprenant rien à l'attaque si soudaine, si furieuse de ces ennemis ignorés, nos soldats se crurent trahis. Au lieu de tenir ou de se replier en résistant, ils se retirèrent en désordre. Leurs files rompues vinrent donner dans les huit bataillons de vieille garde qui traversaient alors le ravin pour monter au plateau. Ces bataillons, à la vue de ce mouvement rétrograde, au bruit du feu roulant de mousqueterie qui poussait sur eux les fuyards, suspendirent leur marche. Bientôt, appuyant sur la droite et se formant en carrés, ils barrèrent cette partie du champ de bataille. L'infanterie de Blücher immédiatement s'arrêta.

Wellington, depuis le commencement de la bataille, tenait en réserve, en arrière de son extrême gauche, vers Ohain, deux brigades de cavalerie, fortes de six régimens, et destinées à garder ses communications avec les troupes qu'il attendait de Wavres. Ces deux brigades comptaient trois mille chevaux. L'arrivée de Blücher les rendait disponibles; les cavaliers n'avaient pas donné un coup de sabre de la journée; leurs montures étaient restées au repos. Ces six régimens, chargés d'appuyer la nouvelle armée prussienne, entrèrent en ligne dès qu'ils virent celle-ci s'arrêter. N'osant attaquer de front les carrés de la garde, ni se hasarder dans les intervalles, cette cavalerie les tourna, et, se jetant entre la Haie-Sainte et les carrés, sur la chaussée, elle acheva de porter la désorganisation parmi les détachemens que Blücher venait de rompre, et dont les rangs désunis étaient alors traversés par les nombreux blessés descendant du plateau. La grosse cavalerie de la garde, si elle était restée sous la main de l'empereur, aurait eu facilement raison de cette irruption audacieuse au centre de notre ligne; et nos troupes, abritées par ces deux mille cavaliers d'élite et par l'infanterie de la vieille garde, auraient encore pu se rallier derrière ce double rideau. Mais les grenadiers à cheval et les dragons de la garde, engagés, on l'a vu, malgré les ordres et les efforts de l'empereur, n'avaient pas quitté les autres corps de cavalerie, et, mêlés à nos immortels cuirassiers, ils prenaient alors leur part des coups portés sur le plateau. — Napoléon n'avait près de lui que ses quatre escadrons de service; il les lança contre les deux brigades anglaises; ces quatre escadrons se trouvèrent trop faibles, ils furent culbutés.

Pendant ce temps, les troupes engagées sur le plateau, croyant achever la victoire, épuisaient leurs efforts et brûlaient leurs dernières cartouches. La fusillade qu'elles avaient entendue sur leur droite, au commencement de l'attaque, bien qu'elle devînt plus vive et ne cessât de se rapprocher, ne les alarmait pas. C'était le feu des troupes de Grouchy, avait dit l'empereur. Cependant des exclamations confuses, parties du bas du plateau, ne tardent pas à tenir leur attention en éveil. Bientôt quelques cris de *sauve qui peut! nous sommes trahis!* arrivent jusque sur la hauteur. Ces cris émeuvent nos soldats. D'un autre côté, les décharges que les carrés de la garde font en ce moment derrière eux, les inquiètent. Dominés par ces fatals soupçons de trahison que les faux mouvemens des deux derniers jours ont encore augmentés, les régimens de Ney à la fin hésitent, puis faiblissent. Il était plus de neuf heures; la nuit commençait. Wellington s'aperçoit de l'incertitude et du flottement de nos troupes; la mousqueterie de Blücher, dont il suit attentivement les progrès, l'enhardit; il juge le moment venu d'un dernier effort. Des officiers dépêchés sur tous les points du champ de bataille, portent aux détachemens de toutes armes l'ordre de se concentrer et de se porter en avant. L'infanterie britannique, jusqu'alors immobile, double; redouble ses rangs et s'apprête, pour la première fois de la journée, à descendre en masse du fatal plateau; elle s'ébranle; la cavalerie et l'artillerie l'imitent; tout se met en marche, tout s'avance. Ces 70 à 75,000 combattans, auparavant rompus, disloqués, maintenant réunis, refoulent lentement sur notre ligne de retraite, par le seul effort de leur poids, les troupes épuisées qui tiennent encore sur le plateau. Les 60,000 Prussiens de Bulow et de Blücher, de leur côté, étendant leurs lignes parallèlement à la route, ne tardent pas à repousser sur la chaussée, que descendent en ce moment les soldats de Wellington, tous les régimens engagés sur notre flanc droit. Toutes les positions occupées par nos soldats sont successivement abandonnées; le découragement et le désordre gagnent tous les rangs; la masse d'hommes que le mouvement concentrique des *trois* armées ennemies rejette ainsi des points les plus éloignés du champ de bataille, dans une direction commune, encombre bientôt la route; toutes les armes se pelotonnent et se mêlent; en quelques instans, la moitié de l'armée ne présente plus qu'une masse confuse qu'il est impossible de rallier.

L'empereur, à la vue de cette désorganisation dont la véritable cause lui échappe, est frappé de stupeur. Ses troupes se débandaient! Il demeure immobile, son visage pâlit, ses lèvres deviennent tremblantes, de grosses larmes coulent lentement de ses yeux. Ses aides-de-camp courent de tous côtés pour arrêter ce mouvement incompréhensible;

lui-même se jette au milieu de la foule; ses ordres, ses paroles, ses prières ne sont point entendus. Les détonations de l'artillerie alliée qui continue à tirer, le tumulte causé par le passage des chevaux et des voitures qui font retraite, par le bruit des imprécations de cette masse d'hommes qui se heurtent, se poussent sur la chaussée, couvrent tous les commandemens; la nuit déjà épaisse ne permet plus de voir les chefs. Une préoccupation, d'ailleurs, domine tous les esprits: l'artillerie de Bulow, revenu sur Planchenoit, tonne sur nos derrières; la retraite, si on ne se hâte, sera coupée.

Vainement les bataillons de la vieille garde, formés en carrés au fond du ravin, essayent d'arrêter Blücher et Wellington. Assaillis, foudroyés par un ennemi trente fois plus nombreux, leurs premiers rangs se fondent, pour ainsi dire, sous la pluie de balles et de mitraille que l'infanterie ainsi que l'artillerie anglaise et prussienne vomissent sur eux. Cinq carrés sont successivement détruits. Les Anglais et les Prussiens avancent toujours, mais lentement; eux aussi, les premiers surtout, sont harassés. Ils arrivent devant deux autres carrés de la garde commandés par les généraux Petit et Pelet de Morvan. La résistance de ces deux bataillons est vaincue à son tour; le flot des assaillans les emporte; leurs débris vont se mêler au torrent de soldats désorganisés qui s'écoule vers Génape, Marchiennes et Charleroi. Un dernier carré commandé par Cambronne, se maintient encore sur la hauteur entre la ferme de la Belle-Alliance et la *Maison d'Ecosse*, à quelques pas du mamelon où l'empereur était demeuré une partie du jour. Seuls de toute l'armée, ces soldats restent immobiles et gardent encore leurs rangs.. L'infanterie britannique et l'infanterie prussienne continuent à s'avancer, précédées par une ligne épaisse de cavalerie anglaise, marchant au pas, et poussant devant elle un groupe composé de quelques cavaliers français qui ne se retiraient qu'avec une extrême lenteur. L'empereur était dans ce groupe; et comme s'il ne pouvait s'arracher de ce champ de bataille où il laissait sa fortune, il semblait ne suivre qu'avec peine ses compagnons; il marchait le dernier. Un peloton, en se détachant du premier rang de la cavalerie anglaise, pouvait s'emparer de sa personne; l'obscurité, heureusement, le protégeait. Refoulé pas à pas jusque sur le bataillon de Cambronne, ayant près de lui le maréchal Soult, les généraux Bertrand,

Drouot, de Flahaut, Gourgaud et Labédoyère, qui l'entourent l'épée à la main, il s'arrête et se range, face à l'ennemi, près des premières files du carré. Cependant la cavalerie alliée approche toujours. Napoléon, jusque là, était resté absorbé et silencieux ; il aperçoit quelques pièces à demi abandonnées : «Gourgaud ! s'écrie-t-il en se tournant vers ce général, faites tirer ! » Les pièces sont mises sur-le-champ en batterie ; elles font feu ; un de leurs boulets emporte la jambe gauche de lord Uxbridge. Le général Gourgaud venait de tirer les derniers coups de canon de la bataille.

Les cavaliers anglais, arrêtés un instant par cette décharge, reprennent bientôt leur marche ; quand ils ne sont plus qu'à quelques pas, l'empereur prend la direction du bataillon, commande le feu et ordonne d'ouvrir le carré. Décidé à mourir, il pousse son cheval pour le faire entrer dans les rangs. « Ah ! Sire, s'écrie le maréchal Soult en saisissant la bride, les ennemis ne sont-ils pas déjà assez heureux ! » Napoléon résiste, le maréchal et les généraux redoublent d'efforts et parviennent à l'entraîner sur la route de Genape. Mais Cambronne et ses soldats restent ; ils veulent donner à leur général le temps de s'éloigner. Entourés, attaqués sur toutes les faces, aucun coup ne les entame ; leurs rangs, incessamment diminués, se resserrent ; on leur crie de se rendre; Cambronne refuse: ni ses soldats ni lui ne veulent survivre à leur défaite. La mort, bientôt, leur semble trop lente à venir. La charge est ordonnée ; les grenadiers croisent la baïonnette, et poussant un dernier cri de *vive l'empereur!* ils se précipitent tête baissée sur les rangs les plus épais de l'ennemi. Le choc fut terrible; tout plia d'abord devant cette héroïque phalange. Sa course, toutefois, ne pouvait être longue : étouffé, écrasé sous le nombre, le bataillon fut anéanti (1).

Dans ce moment, les TROIS armées alliées s'avançant en deux lignes immenses formant équerre, l'une droit aux hauteurs de la Belle-Alliance, les deux autres parallèlement à la chaussée, opéraient leur jonction. Les deux généraux en chef se rencontrèrent devant la ferme; ils descendirent de cheval et se jetèrent

---

(1) Quelques hommes de ce bataillon, laissés pour morts sur le champ de bataille et recueillis le lendemain par les habitans du pays, furent sauvés. Cambronne se trouva du nombre; on a pu l'interroger. Les mots : « la garde meurt et ne se rend pas, » mis à cette occasion dans sa bouche, reproduisent le sens exact de son énergique réponse aux sommations des officiers anglais.

dans les bras l'un de l'autre, échangeant de vives félicitations sur cette victoire, caprice inespéré de la fortune. Il importait de la compléter en rendant toute tentative de ralliement impossible. La cavalerie prussienne n'avait essuyé aucune fatigue, elle n'avait pas donné de la journée : Blücher lui ordonna de poursuivre nos troupes, à outrance, durant toute la nuit, tant que les chevaux pourraient marcher. « Il était neuf heures et demie du soir, a dit » le feld-maréchal prussien dans son rapport » sur cette journée; tous les officiers supérieurs » furent réunis et eurent ordre d'employer » jusqu'au dernier cavalier. » Alors commença une poursuite active, acharnée, qui fut fatale à nos malheureux soldats : brisés par les fatigues d'une lutte de dix heures, et toujours inégale; affaiblis par le besoin, sans chaussures, la plupart avaient jeté leurs armes comme un poids trop lourd pour leurs forces épuisées (1). En se jetant à travers cette masse

(1) La boue, sur la partie du champ de bataille où combattirent nos troupes, était si profonde et si tenace que, le lendemain, on pouvait reconnaître la position occupée par chaque carré et suivre la trace des principales charges de cavalerie, à l'aide des empreintes marquées dans le sol par les pieds des hommes et des chevaux. Un grand nombre de nos fantassins y laissèrent leurs chaussures.

d'hommes sans défense, qui marchaient au hasard, la nuit, sur une route couverte d'armes et de canons abandonnés, de caissons et de chariots renversés, les cavaliers prussiens n'avaient qu'à frapper. «Ceux de l'ennemi qui » voulaient se reposer, a dit encore Blücher, » furent successivement repoussés de plus de » neuf bivouacs. Le clair de lune favorisait » beaucoup la poursuite, qui n'était qu'une » véritable cahsse, soit dans les champs, soit » dans les maisons. » Un grand nombre d'officiers et de soldats se dérobèrent par une mort volontaire aux coups furieux de cette cavalerie. « Ils n'auront ni mon cheval ni moi, » dit un officier de cuirassiers, en voyant arriver l'ennemi; d'un coup de pistolet il renverse son cheval, d'un autre il se tue. Vingt pas plus loin, un colonel se brûle la cervelle. « Où donc allez-vous? dit un aide-de-camp à un général de brigade qui tournait la tête de son cheval du côté des Prussiens.—Me faire tuer!» répond le général en enfonçant les éperons dans le flanc de sa monture et en se jetant tête baissée sur l'ennemi. Des soldats, que l'épuisement ou leurs blessures empêchaient de marcher, décidés à mourir plutôt que de se rendre, se fusillèrent, assure-t-on, entr'eux. La cavalerie prussienne courut et sabra jusqu'au jour ; elle acheva la déroute. Les débris de nos régimens ne purent s'arrêter qu'au delà de la frontière.

Les Anglais, après le combat, ramassèrent sur le champ de bataille et sur la route six à sept mille prisonniers ; le comte de Lobau, resté le dernier sur ses positions de Planchenoit, se trouva du nombre. Ces prisonniers furent à peu près les seuls de la campagne. Nos soldats n'en firent pas ; les Prussiens n'accordaient aucun quartier ; ils tuaient tout ce qu'ils pouvaient atteindre. Le général Duhesme, entre autres, fut massacré par eux dans la poursuite, à l'entrée de Genape, à près de deux lieues du champ de bataille. Il consentait à se rendre. L'officier auquel il présentait son épée s'en empara et lui passa la sienne au travers du corps (1).

(1) La furie qui animait les soldats de Blücher et les nôtres, durant les quatre jours de cette campagne, survécut à la bataille du 18. Le jour suivant et le surlendemain les blessés des deux nations, retirés dans les villages ou dans les fermes voisines du champ de bataille, luttaient encore sur les lits et sur la paille où ils étaient gisans ; à défaut d'armes, ils se déchiraient avec les mains. Le 20, un habitant de Planchenoit rentre dans sa maison qu'il avait abandonnée dans l'après-midi du 18. Son lit était occupé par deux moribonds restés sans soins depuis deux jours ; il s'approche

Effort héroïque de la révolution armée, la bataille de Waterloo, malgré ses résultats, fut digne de la lutte sainte engagée vingt-trois ans auparavant par la France révolutionnaire contre l'Europe coalisée. Bien que formées à la hâte, et composées, pour moitié, de conscrits ou de volontaires enrégimentés depuis quelques semaines, les troupes qui livrèrent ce combat suprême se montrèrent les égales des plus vaillantes légions de la république et de l'empire : elles comptaient *cinquante-neuf mille* combattans à Ligny ; à Waterloo *soixante-cinq mille* ; les alliés perdirent près de SOIXANTE MILLE HOMMES. Jamais armée française, on le voit, ne porta des coups plus terribles (1). Fantassins, cavaliers, artilleurs

---

et leur demande ce dont ils ont le plus besoin' L'un d'eux, blessé français, rassemble ce qu'il avait de forces, et répond : « Je voudrais un pistolet pour casser la tête de ce Prussien. »

(1) Nous étions 59,000 à Ligny; les Prussiens y avaient au delà de 90,000 combattans. A Waterloo, nos troupes se battirent au nombre de 65,000 h., contre trois armées fortes ensemble de près de 160,000 soldats. Voici le chiffre des pertes des deux partis, les 16 et 18 juin, en tués ou blessés :

Français : A Ligny, 6,950; aux Quatre-Bras, 3,400; à Waterloo, 18,500; total, 28,850. Nous eûmes, en outre, à cette dernière bataille, 7,008 prisonniers.

de la ligne et de la garde, tous les soldats furent admirables; eux seuls, jusqu'à la dernière heure, ne commirent aucune faute. Le plus grand nombre des officiers de troupe, les généraux encore jeunes se montrèrent dignes de commander à de tels gens (1). Mais les hauts

---

Alliés : Anglais, 10,981, et Hanovriens, 2,757 (rapport de Wellington); légion allemande, 1,900; troupes de Brunswick, 2,000; troupes de Nassau, 3,100; Hollando-Belges, 4,136 (rapport du prince d'Orange); Prussiens, 33,132 (rapport du général Gneizenau). Total, 58,006. Ces troupes n'eurent point de prisonniers.

(1) Si, le premier jour de la campagne, un lieutenant-général et plusieurs officiers supérieurs avaient passé à l'ennemi, par un contraste qui caractérise le moment et les hommes, pas un seul des 115,000 sous-officiers et soldats qui franchirent la frontière ne déserta. Un rapport, que nous avons sous les yeux, constate que dans le 4e corps (15,000 h.), il n'y eut pas *une seule faute de désobéissance* à réprimer durant toute la campagne. Ce rapport ajoute que le 16, à Ligny, tous les officiers montés de l'ancienne division Bourmont, eurent leurs chevaux tués sous eux; et qu'il serait impossible de désigner aucun des officiers supérieurs ou autres, comme s'étant particulièrement distingué, parce qu'il faudrait les citer tous. « Le seul reproche à faire aux soldats, dit le rapport, serait de s'être jetés sur l'ennemi avec trop de fureur et d'abandon; plus de calme aurait épargné bien des braves gens. » Cette division, forte de 4,000 h., eut 1,200 h. hors de combat. Il en fut de même pour la plupart des autres divisions de l'armée.

chefs ! mais Ney, le général Drouet-d'Erlon, le maréchal Grouchy, le maréchal Soult, dans ses fonctions de major-général ! Leurs fautes, durant ces quatre jours, furent si lourdes que Napoléon a pu dire : « Tout a été fatal dans » cette campagne et prend la teinte d'une *ab-* » *surdité.* »

Etrange bizarrerie des événemens humains ! La catastrophe de Waterloo, malgré l'impéritie de plusieurs généraux et la torpeur de quelques autres, aurait cependant été changée en une éclatante victoire, sans un orage et sans une faute énorme du duc de Wellington. Si le sol avait été moins détrempé par les pluies, la bataille, commencée plusieurs heures plus tôt, aurait été gagnée avant l'arrivée de Bulow à Planchenoit ; alors, l'intervention successive, isolée des généraux prussiens, au lieu de sauver deux fois leur allié, aurait amené la complète destruction de leurs propres troupes. D'un autre côté, la position de Mont-Saint-Jean, malgré sa force défensive, était on ne peut plus mal choisie. La première condition, pour un champ de bataille, est de n'avoir point de défilés sur les derrières, et Wellington s'était adossé à une forêt. Trois fois dans cette journée l'armée anglaise aurait opéré sa retraite, si la retraite

lui eût été possible. Ce qui devait la perdre, finit par la sauver. « Journée incompréhensi-
» ble ! concours de fatalités inouïes ! a dit
» encore Napoléon. Y a-t-il eu trahison ? N'y
» a-t-il eu que du malheur ? Et pourtant tout
» ce qui tenait à l'habileté avait été accompli !
» Singulière campagne, où j'ai vu trois fois
» s'échapper de mes mains le triomphe assuré
» de la France ! Sans la désertion d'un traître,
» j'anéantissais mes ennemis en ouvrant la
» campagne ; je les écrasais à Ligny si la
» gauche eût fait son devoir ; je les écrasais à
» Waterloo si ma droite ne m'eût pas manqué.
» Singulière défaite où, malgré la plus hor-
» rible catastrophe, la gloire du vaincu n'a
» point souffert, ni celle du vainqueur aug-
» menté. La mémoire de l'un survivra à sa
» destruction ; la mémoire de l'autre s'ense-
» velira peut-être dans son triomphe ! »

La relation qu'on vient de lire est empruntée, ainsi que nous l'avons dit, à un ouvrage remarquable publié par l'éditeur Perrotin, et qui a pour titre : CHUTE DE L'EMPIRE, HISTOIRE DES DEUX RESTAURATIONS JUSQU'A LA CHUTE DE CHARLES X, par *Achille de Vaulabelle* ; ce récit de la campagne de 1815 forme le chapitre VIII du second volume de l'ouvrage.

Les principaux journaux politiques de Paris, la plupart des journaux des départemens, ont publié des fragmens étendus de l'*Histoire des deux Restaurations*. Tous se sont accordés à recommander vivement la lecture de cette publication énergique, où, pour la première fois, on porte la lumière sur ces évènemens de 1814 et de 1815, les plus considérables, et pourtant les moins connus de l'histoire de notre temps. Les révélations qu'ont fournis à l'auteur une foule de récits inédits, d'explications données par des témoins importans, un grand nombre de pièces non publiées, lui ont permis de ne laisser aucun fait dans l'ombre, de déchirer tous les voiles, de faire justice de tous les mensonges et de restituer à chaque personnage et à chaque événement son rôle et son caractère véritable. L'auteur a dû révéler l'origine ignorée des malheurs, des hontes et des trahisons de ces deux époques; il le fait, les pièces à la main, en citant tous les noms, en n'hésitant même pas devant les réputations les plus haut placées, car aucune renommée ne saurait prescrire les droits de l'histoire. Écrivain impartial, il juge aussi sévèrement M. de Lafayette que M. de Talleyrand et Fouché, malgré la diversité des mobiles qui les ont conduits. S'il ne tait aucune intrigue, aucun crime, il dit également les nobles actions, et le lecteur, constamment ému par le puissant intérêt et par la grandeur du drâme qui se déroule sous ses yeux, passe incessamment de l'admiration à la colère.

La relation de la campagne de Waterloo peut faire juger la manière dont l'auteur comprend l'histoire et la raconte. On connaîtra mieux l'importance de sa publication en parcourant la nomenclature des événemens dont il fait le récit.

Avant de reproduire le sommaire de chacun des chapitres composant les trois premiers volumes, nous devons faire observer que l'auteur a consacré la première partie du tome Ier à un *Précis historique sur les Bourbons et le parti royaliste, depuis la mort de Louis XVI*, précis qui touche aux principaux événemens de la république, du consulat et de l'empire; qui en fait connaître le côté royaliste, et sans lequel on n'aurait qu'une intelligence incomplète des événemens qui ont produit la chute de l'Empire et l'avènement de la Restauration.

PREMIER VOLUME.

CHAPITRE PREMIER. — 1793-1799. — L'émigration à la mort de Louis XVI. — Départ du comte d'Artois pour Saint-Pétersbourg, et de *Monsieur* pour l'Italie; séjour de ce dernier à Turin, puis à Véronne.— Mort de Louis XVII.—Manifeste de Louis XVIII à son avènement. — Journée du 13 vendémiaire; expédition de Quiberon et de l'Ile-Dieu; lettre et mort de Charette. — La Prusse traite avec la république. — Continuation de la guerre avec l'Autriche; invasion de l'Italie par le directoire; le sénat de Venise et Louis XVIII; départ de ce prince pour l'armée de Condé. — Pichegru; sa première négociation avec les Bourbons; ce général est rappelé par le directoire. — Louis XVIII se retire à Blackenbourg; lettre de ce prince à Pichegru.— Agences royalistes; arrestations; conspiration de Pichegru et d'une partie des membres des conseils; journée du 18 fructidor. — L'Autriche traite avec la république. — Louis XVIII quitte Blackenbourg et se retire à Mittau; sa cour. — Coalition entre la Russie, l'Angleterre et l'Autriche; passage de Souwaroff à Mittau.— Chouannerie.— Négociation de Louis XVIII avec Barras; lettres-patentes. — Succès des alliés en Hollande et en Italie; situation de la république; victoires de Brune et de Masséna à Berghem et à Zurich.— Bonaparte arrive d'Egypte; journées des 18 et 19 brumaire.

CHAPITRE II. — 1800.-1807. — Propositions de Louis XVIII et du comte d'Artois au premier consul. — Fermeture de la liste des émigrés ; leur rentrée en France. — Machine infernale. — Louis XVIII est obligé de quitter Mittau et de se réfugier en Prusse ; il séjourne à Mémel, à Kœnisberg, et s'arrête à Varsovie. — L'Angleterre traite avec la République. — Propositions des autorités prussiennes de Varsovie à Louis XVIII ; réponse de ce prince ; déclaration des membres de sa famille. — Conspiration de Georges Cadoudal ; Moreau ; suicide de Pichegru ; condamnations ; arrestation et mort du duc d'Enghien. — Bonaparte, empereur. — Protestation de Louis XVIII. — Affaire Coulon. — Entrevue de Louis XVIII et du comte d'Artois à Calmar ; le premier y reçoit l'ordre de ne plus rentrer en Prusse ; il demande et obtient de revenir à Mittau. — Déclaration du 2 décembre 1804 ; lettre explicative. — Traité d'alliance entre Alexandre et Napoléon. — Louis XVIII quitte une seconde fois Mittau ; il s'embarque à Riga et arrive à Yarmouth ; il ne peut débarquer. — Communication du gouvernement anglais à Louis XVIII ; il prend pied en Angleterre et fixe sa résidence à Gosfield-Hall.

CHAPITRE III. — 1808-1813. — Mort de la reine; Louis XVIII quitte Gosfield-Hald et vient habiter Hartwell ; sa liste civile. — Extinction du parti royaliste ; les almanachs nationaux et impériaux de 1802 à 1812 ; l'ancienne noblesse et la nouvelle. — Mariage de Napoléon avec Marie-Louise; le *Moniteur* et la petite cour d'Hartwell lors de cet événement. — Fautes de Napoléon. — Lettre de Louis XVIII à Alexandre après la campagne de Russie. — Le duc d'Orléans en Espagne. — Armistice de Plesswitz. — Congrès de Prague ; sa rupture. — Reprise des hostilités : Bernadote ; Moreau ; campagne de Saxe ; bataille de Dresde ; affaire de Kulm. — Marche sur Berlin; bataille de Leipsik. — Retraite ; bataille de Hanau ; Napoléon repasse le Rhin ; son arrivée à Saint-Cloud ; sénatus-consultes. — Propositions de Francfort ; fixation d'un congrès à Manheim. — Progrès des alliés. — Ouverture du corps législatif ; esprit de cette assemblée ; rapport de ses commissaires ; sa dissolution.

CHAPITRE IV. — 1814. — Allocution de l'empereur aux députés du Corps-Législatif, le 1er janvier. — Les alliés franchissent la frontière sur deux points. — Napoléon pourvoit au gouvernement de l'Empire et réorganise la garde nationale de Paris ; son allocution aux officiers de cette garde ; il part pour Châlons-sur-Marne. — Mouvement sur Saint-Dizier ; l'armée de Blücher est coupée ; Napoléon se porte sur Brienne. — Combat de Brienne ; bataille de La Rhotière ; retraite des Français sur Troyes ; combat de Rosnay ; Napoléon se replie sur Nogent. — Congrès de Châtillon. — Blücher s'avance sur Paris ; Napoléon marche pour arrêter ce mouvement ; combat de Champaubert ; bataille de Montmirail ; combat de Château-Thierry ; seconde bataille de Montmirail ; Blücher se retire sur Châlons. — Schwartzenberg, à son tour, menace Paris ; Napoléon quitte Blücher pour arrêter la marche des Autrichiens ; combats de Guignes, de Mormans, de Nangis ; bataille de Montereau. — Napoléon poursuit Schwartzenberg ; combat de Méry-sur-Seine ; les Français entrent dans Troyes.

CHAPITRE V. — 1814. — Manifestation royaliste à Troyes ; exécution du chevalier de Gouault. — État de l'opinion au mois de février 1814. — Conférence militaire de Lusigny. — Première reddition de Soissons ; réunion de tous les corps de l'armée de Blücher ; ce général s'avance une seconde fois sur Paris. — Napoléon quitte Troyes et marche sur la Marne pour arrêter le mouvement des Prussiens ; il arrive à La Ferté-sous-Jouarre. — Blücher met la Marne entre les Français et lui et se retire sur l'Aisne ; Napoléon le poursuit ; seconde capitulation de Soissons ; Blücher se retire sur Laon. — Bataille de Craonne ; les Prussiens, maîtres de Laon, sont attaqués par Napoléon qui se replie à son tour sur l'Aisne, occupe Soissons et chasse les Russes de Reims. — Second mouvement de Schwartzenberg sur Paris ; Napoléon marche sur la Seine ; panique des souverains alliés ; ils rétrogradent encore au delà de Troyes. — Napoléon manœuvre pour opérer sur les derrières de l'ennemi ; bataille d'Arcis-sur-Aube. — Pointe de Napoléon sur Saint-Dizier ; décret de levée en masse ; nouveau plan de campagne. — Traité de Chaumont. — Congrès de Châtillon ; sa rupture. — Concentration de toutes les forces alliées à Châlons-sur-Marne ; elles se portent en masse sur Paris. — Napoléon quitte Saint-Dizier, traverse Troyes, Sens, Fontainebleau et arrive à cinq lieues de Paris, le 30 mars, à dix heures du soir.

CHAPITRE VI. — 1814. — Débarquement du duc de

Berry à l'île de Jersey; immobilité de la Bretagne et de la Vendée. — Arrivée du comte d'Artois en Suisse; il entre en France par Pontarlier; son séjour à Vesoul, puis à Nancy; sa retraite projetée derrière le Rhin; visite de M. de Vitrolles. — Le duc d'Angoulême à Saint-Jean-de-Luz; sa proclamation à l'armée française; ordre du jour du maréchal Soult; le duc veut retourner à Londres. — Bordeaux; offre de livrer cette ville aux Anglais; expédition de lord Beresford; journée du 12 mars. — M. de Talleyrand, ses salons, son entourage; M. de Dalberg, l'abbé de Pradt, l'abbé Louis. — M. de Vitrolles; il part pour Bâle, s'arrête à Châtillon, puis à Troyes; entretien avec MM. de Metternich et de Nesselrode; son entrevue avec Alexandre; ouvertures royalistes. — Concentration de toutes les forces alliées à Châlons; hésitation des souverains; les trahisons au mois de mars de 1814. — Envoi d'une députation royaliste à Bernadotte. — Les alliés descendent en masse les deux rives de la Marne; ils rencontrent les ducs de Raguse et de Trévise, les généraux Pacthod et Amey; retraite des deux maréchaux; combats de Fère-Champenoise et de La Ferté-Gaucher; prise de Meaux. — Réunion du Conseil de régence; délibération; lettre de l'empereur; l'impératrice et le roi de Rome partent pour Blois. — Arrivée des alliés deavnt Paris. — Physionomie de Paris le 29 mars; situation; Joseph, Clarke et Hullin. — BATAILLE DE PARIS. — Paris pendant la bataille. — Armistice; capitulation. — Récit du général Belliard à l'empereur, le 30 au soir, à Fromenteau.

CHAPITRE VII. — 1814. — Paris, le matin du 31 mars. — Le Conseil municipal au château de Bondy. — Message à M. de Talleyrand. — Manifestation en faveur des Bourbons. — Entrée des alliés dans Paris; leur défilé sur les boulevarts; cavalcade royaliste. — Alexandre chez M. de Talleyrand; conseil; délibération; déclaration des souverains. — Réunion royaliste dans le faubourg Saint-Honoré; députation à l'empereur de Russie; réponse de M. de Nesselrode. — Les journaux. — Convocation du Sénat: formation du gouvernement provisoire; séance du Sénat le 1er avril. — Le Conseil municipal: manifeste de M. Bellard. — Séance du Sénat le 2 avril; déclaration de déchéance. — Les sénateurs chez Alexandre. — Séance du 3 avril; texte du décret de déchéance. — Réunion du Corps-Législatif; déclaration d'adhésion. — Adhésion des autres corps constitués. — Les souverains à l'Opéra. — Mouvement parmi les troupes alliées.

CHAPITRE VIII. — 1814. — Napoléon à Fontainebleau, le 31 mars; concentration des troupes françaises entre cette ville et Paris. — Alexandre et le duc de Vicence; retour de ce dernier auprès de Napoléon. — Allocution de l'empereur à sa garde; ordre du jour pour la marche de l'armée sur Paris; résistance des maréchaux. — Napoléon abdique en faveur de sa femme et de son fils; départ de ses plénipotentiaires pour Paris; leur arrivée à Essonne. — Marmont; sa conduite depuis le 31 mars; son traité avec le prince Schwartzenberg; il accompagne les plénipotentiaires à Petit-Bourg; le traité est rompu. — Paris, le 4 avril. — L'hôtel Talleyrand, le soir du 4; arrivée des plénipotentiaires; conférence entre Alexandre, Macdonald, Ney, Caulaincourt et le général Dessolle. Rejet de la régence, à la suite de la défection du 6e corps (corps de Marmont). Scène de nuit. — Récit de la défection du 6e corps : départ d'Essonne; arrivée du 6e corps à Versailles; il se soulève et se met en marche pour Rambouillet; Marmont accourt; il apaise la révolte. — Retour du duc de Raguse à l'hôtel Talleyrand. — Les plénipotentiaires reviennent à Fontainebleau. — Napoléon veut continuer la guerre; il abdique sans réserve. — Traité du 11 avril; l'empereur refuse de le signer et tente de se suicider; il ratifie. — Séjour de Napoléon à Fontainebleau du 13 au 20 avril; ses adieux à sa garde; son départ.

PIÈCES HISTORIQUES.

DEUXIÈME VOLUME.

CHAPITRE PREMIER. — 1814. — Le Sénat : composition et réunion de la commission de constitution; délibérations des 3, 4 et 5 avril; adoption de la constitution dite *sénatoriale*; son article 2. — Le Sénat et l'opinion; dépêches de l'abbé de Montesquiou à Louis XVIII. — Alexandre, son influence. — Organisation et personnel du gouvernement provisoire. — Adhésions des généraux et des corps constitués. — Actes du gouvernement provisoire. — Arrêté du 9 avril; enlèvement du trésor particulier de Napoléon, à Orléans; affaire Maubreuil; projet d'assassinat contre l'empereur ; arrestation de la princesse Catherine de Wurtemberg à Fossard ; vol de ses diamans; Maubreuil est arrêté. — Lettre de M. de Talleyrand au comte d'Artois ; séjour de ce prince à Nancy ; son arrivée aux portes de Paris ; négociations avec le gouvernement provisoire et le Sénat ; entrée du prince le 12 avril ; discours ; défilé ; nouvelles négociations. — Intervention d'Alexandre ; acceptation de la lieutenance générale et de la constitution du 6 avril, par le comte d'Artois ; il prend le gouvernement. — Substitution de la cocarde blanche à la cocarde tricolore ; envois de commissaires extraordinaires dans les départemens ; lois financières. — Convention d'armistice du 23 avril ; la France réduite à ses frontières de 1792 ; ses pertes ; rôle de M. de Talleyrand. — Louis XVIII quitte Hartwell ; sa réponse au prince régent ; il débarque à Calais.

CHAPITRE II. — 1814. — Départ de Louis XVIII de Calais ; son arrivée à Compiègne ; notes de M. de Talleyrand ; séjour du roi à Compiègne ; réceptions ; présentation des maréchaux ; discours du prince de Neufchâtel et du président du Corps-Législatif ; réponses du roi. — Attitude du Sénat ; sa résistance ; arrivée de l'empereur Alexandre à Compiègne ; son entrevue avec le roi ; ils conviennent d'une *déclaration* de droits. — Départ de Bernadotte de Paris. — Arrivée de Louis XVIII à Saint-Ouen. — Projet de déclaration apporté par M. de Talleyrand ; discussions ; nouvelle intervention d'Alexandre ; *déclaration de Saint-Ouen ;* le roi reçoit le Sénat. — Entrée de Louis XVIII à Paris ; cortége ; défilé ; l'ex-garde impériale. — Composition du ministère. — Premiers embarras ; essais de reconstruction d'ancien régime ; les solliciteurs — Ordonnance sur la marine ; nombreuses créations d'officiers-généraux et d'officiers supérieurs. — Réorganisation de l'armée. — Commission de rédaction pour la *Charte ;* ses délibérations les 22, 23, 24, 26 et 27 juin ; enfantement de l'acte constitutionnel. — Traité de paix du 30 mai ; articles additionnels et secrets ; encore M. de Talleyrand. — Ouverture des chambres ; séance royale ; discours de Louis XVIII et de M. Dambray ; lecture de la Charte ; composition de la nouvelle pairie ; l'ancien Sénat.

CHAPITRE III. — 1814. — Situation politique le lendemain de la promulgation de la Charte. — Ordonnances du directeur général de la police sur l'observation des dimanches et la Fête-Dieu. — Présentation d'un projet de loi sur la censure ; discussion. — Présentation du budget ; situation financière de la France ; l'arriéré ; plan financier de quelques royalistes.—Proposition pour le paiement des dettes contractées par la famille royale à l'étranger. —Projet de loi pour la restitution des biens nationaux non vendus ; exposé de motifs de M. Ferrand ; secousse causée par ce discours ; les journaux ; brochure de M. de Châteaubriand ; paroles du roi. —Procession du vœu de Louis XIII ; les orphelines de la Légion-d'Honneur ; les Invalides ; écoles militaires destinées à la *noblesse ;* brochure de Carnot. — Discussion du projet sur les biens nationaux non vendus. — Proposition du maréchal Macdonald.—Pétition d'un maire de village à la Chambre des députés. — Modification ministérielle ; M. Beugnot, ministre de la marine ; destitution du général Dupont, ministre de la guerre ; il est remplacé par le maréchal Soult ; rôle de ce maréchal depuis la chute de l'Empire ; société bretonne ; monument de Quiberon ; affaire du général Excelmans ; pétition à la Chambre des députés. — Clôture de la session.

CHAPITRE IV.— 1815.—Cérémonies expiatoires ; exhumation des restes de Louis XVI et de Marie-Antoinette ; funérailles de mademoiselle Raucourt. — Les acquéreurs de biens nationaux et les anciens propriétaires. — La famille royale : Louis XVIII, le comte d'Artois, le duc et la duchesse d'Angoulême, le duc de Berry, les deux Condés ; le duc d'Orléans. — Le gouvernement : le comte de Blacas ; trafics de places, de titres et de décorations ; les ministres. — *Congrès de Vienne :* premiers protocoles, composition du congrès ; les questions de Pologne et de Saxe ; notes échangées entre les quatre grandes cours ; protestation du roi de Saxe ; ce royaume est occupé par la Prusse ; menaces de rupture ; nouvelles notes ; M. de Talleyrand et sa politique rétrospective ; traité *secret* du 3 janvier entre l'Autriche, l'Angleterre et la France ; reconstitution de l'Allemagne ; encore M. de Talleyrand ; sa correspondance privée avec Louis XVIII ; le colonel Alexis de Noailles ; la Saxe est démembrée ; fêtes du Congrès ; nouvelle arrivée d'Italie pendant un bal chez M. de Metternich.

CHAPITRE V. —1815.—Les trois conjurations ; Fouché. Proclamation de Louis XVIII annonçant le retour de Napoléon ; ordonnance du 6 mars. — Murat ; mouvemens en Italie ; propositions faites au congrès de Vienne pour déporter Napoléon à Malte ou à Sainte-Hélène ;

avis transmis à l'empereur; son projet de quitter l'île d'Elbe; motifs de cette résolution; arrivée de M. Fleury de Chaboulon à Porto-Ferrajo; ses deux entrevues avec l'empereur; il part pour Naples.—Napoléon s'embarque pour la France; traversée; incidens; débarquement au golfe Juan le 1er mars; proclamation *à l'armée*.—L'empereur traverse le département du Var; son arrivée à Digne. —Proclamation *au peuple Français*.—Arrivée de l'empereur à Gap et à La Mure; rencontre de 700 hommes de troupes royales aux lacs de Laffray; ce détachement se joint à Napoléon; Vizille; entrée de l'empereur à Grenoble; sa marche sur Lyon. —Le roi et les ministres lors de la nouvelle du débarquement de l'île d'Elbe; premières mesures; départ du comte d'Artois et du duc d'Orléans pour Lyon; proclamation du maréchal Soult; les princes à Lyon; entrée de l'empereur dans cette ville; décrets impériaux; départ de Lyon; arrivée à Mâcon et à Auxerre; ordre au général Girard; entrevue entre Napoléon et le maréchal Ney; communications du gouvernement royal aux Chambres. —Tentative insurrectionnelle des généraux Drouet-d'Erlon, Lefebvre-Desnouettes et Lallemand.— Le roi se présente devant les Chambres; sermens de fidélité à la Charte; conseils chez M. de Blacas; Louis XVIII se décide à quitter Paris; son départ; journée du 20 mars; arrivée de Napoléon aux Tuileries.

CHAPITRE VI. — Mot de Napoléon sur son retour de l'île d'Elbe; rôle du peuple et de l'armée dans cet événement; attitude des généraux; les royalistes constitutionnels; M. de Lafayette en 1792, en mars 1814 et 1815; réunions chez M. Lainé; les royalistes exclusifs. — Louis XVIII à Abbeville et à Lille; sa retraite en Belgique; son arrivée à Gand; le comte d'Artois et le duc de Berry le rejoignent. — Effort royaliste dans les départemens; le duc de Bourbon à Angers et à Beaupréau; Augereau; la duchesse d'Angoulême à Bordeaux; M. de Vitrolles à Toulouse. — Le duc d'Angoulême à Marseille; sa campagne du Midi. — Lettre de Napoléon au général Grouchy. — MM. Lainé, Ferrand et Guizot; l'ancien Sénat — Formation du ministère impérial le 21 mars; réceptions aux Tuileries; adresse du conseil d'Etat; réponse de l'empereur. — Entretien de Napoléon avec Benjamin Constant.—Le congrès de Vienne : déclaration du 13 mars; traité du 25; convention militaire du 31; déclarations spéciales du plénipotentiaire anglais et de la cour d'Autriche ; traité de subsides. — Ouvertures pacifiques du gouvernement impérial ; lettre de l'empereur aux souverains ; blocus politique de la France ; rapport du duc de Vicence à l'empereur.— Elan de la nation ; fédérations provinciales et parisienne ; adresse des fédérés parisiens ; réponse de l'empereur ; les classes moyennes ; l'aristocratie bourgeoise ; son hostilité ; le duc d'Orléans. — Discussions au conseil d'Etat à l'occasion de l'acte additionnel ; publication de cet acte ; effet qu'il produit ; son acceptation ; assemblée du *Champ-de-Mai*.

CHAPITRE VII. — Etat militaire de la France au 20 mars 1815 ; réorganisation des troupes et de tous les services de l'armée ; situation du trésor ; nos forces au 1er juin.—Formation de sept corps d'armée et de cinq corps d'observation. —Conseils de généraux aux Tuileries ; systèmes de guerre proposés ; plan adopté par l'empereur ; ses motifs. —Louis XVIII à Gand ; le *Journal universel* ; démenti à l'occasion du duc d'Orléans ; lettre de ce prince en quittant la France ; sa famille et Napoléon. —Les journaux *libéraux* de Paris. — Intrigues autour de Louis XVIII ; *rapport* de M. de Châteaubriand ; tous les ministres de Louis XVIII offrent leur démission. — Intrigues royalistes avec Paris.—Fouché ; ses entrevues avec le roi et le comte d'Artois, avant le 20 mars ; il reçoit un agent de M. de Metternich ; conférences à Bâle entre M. Fleury de Chaboulon et le baron de Werner ; proposition pour l'établissement d'une régence au nom du roi de Rome. — Mot de Napoléon ; instances auprès de l'empereur pour une seconde abdication. — Marie-Louise. — Déclaration du baron de Gagern ; proclamation de Justus Grünner.—Ouverture des deux Chambres à Paris ; premières séances ; proposition pour refuser le serment.—Séance impériale ; discours de Napoléon. — Adresses des deux Chambres ; réponses de l'empereur. — Formation d'un conseil du gouvernement. — Napoléon part pour l'armée.

CHAPITRE VIII. — 14 *juin* 1815 : Concentration de l'armée entre Maubeuge et Phillippeville ; sa force et sa composition. Proclamation. Esprit des troupes ; les généraux et les soldats. Position des deux armées anglo-hollandaise et prussienne. Plan de l'empereur.—*Journée du* 15 : L'armée franchit la frontière. Désertion du général Bourmont et de cinq officiers. L'empereur entre à Charleroi. Arrivée du maréchal Ney. Combat de Gilly. — *Journée du* 16 : L'empereur marche sur Bruxelles. Lettre et ordres au maréchal Ney. Napoléon est arrêté au delà de Fleurus par l'armée prussienne. Nouvelles dispositions. Bataille de Ligny contre les Prussiens. Affaire des Quatre-Bras contre les Anglais. Double mouvement du 1er corps (Drouet -d'Erlon). Incidens.—*Journée du* 17 : L'empereur marche contre les Anglais ; il s'arrête en avant de Mont-Saint-Jean. Le maréchal Grouchy est détaché à la poursuite des Prussiens ; il s'arrête à Gembloux. — *Journée du* 18 : Premières dispositions. Ordres envoyés au maréchal Grouchy. — Apparition d'une colonne prussienne à la droite de l'armée ; nouvelles dispositions. Attaque d'Hougoumont. Grande attaque sur le centre des Anglais ; panique dans leurs réserves. Intervention d'une première armée prussienne (Bulow) sur les derrières de l'armée , à Planchenoit. Nouvelle attaque sur le centre des Anglais. Prise de la Haie-Sainte et d'une partie du plateau de Mont-Saint-Jean. Seconde panique dans l'armée anglaise. Charge de 7,000 cavaliers sur le plateau. Les Prussiens sont battus à Planchenoit ; ils se retirent. La garde impériale se porte contre les Anglais. — Le maréchal Grouchy et son corps d'armée ; sa marche sur Wavres ; incidens.— Intervention d'une deuxième armée prussienne (Blücher) sur le champ de bataille de l'empereur. Désordre ; défaite (1).

TROISIÈME VOLUME.

CHAPITRE Ier. — 1815. Insurrection royaliste en Vendée, M. Louis de Larochejaquelein ; premier débarquement d'armes et de munitions anglaises ; envoi de trois pacificateurs par le gouvernement impérial Affaire d'Aizenay. Rupture entre les chefs insurgés Deuxième débarquement d'armes et de munitions anglaises; Affaires *des mattes* ; mort de M. L. de Larochejaquelein. Combat de Laroche-Servière. Pacificati n — Les chambres pendant la campagne de Belgiqoe Séances de la chambre des représentans des 13, 14 e

(1) C'est ce chapitre, publié *séparément*, qui compose *en entier* la présente relation de la CAMPAGNE et de la BATAILLE DE WATERLOO ; cette relation, comme on le voit, ne forme que la *huitième* partie du deuxième volume de l'ouvrage de M. de Vaulabelle.

15 juin; séance du 16, rapport du duc de Vicence, propositions de MM. Jay et Roy; séance du 17, rapport de Fouché. — Premières nouvelles arrivées de l'armée; Paris, les 19 et 20 juin. — L'Empereur après la bataille du 18; il revient à Genappe; son passage à Charleroi, à Philippeville et à Rocroy; ordres expédiés au maréchal Grouchy et aux généraux Rapp, Lecourbe et Lamarque. Lettre de Napoléon à son frère Joseph. Arrivée de l'empereur à Laon; délibération avec ses généraux; Napoléon veut rester et rallier lui-même l'armée; on décide son départ pour Paris; son arrivée au palais de l'Elysée, le 20 à onze heures du soir. — Conseil des ministres le 21 au matin; exposé de la situation par l'empereur; mesures arrêtées en conseil; Napoléon s'apprête à se rendre au sein des chambres. — Réunion de la chambre des représentans; proposition de M. de Lafayette pour résister aux décrets et aux ordres de l'empereur et déclarer la permanence des séances; la motion est adoptée. — Suspension des mesures arrêtées en conseil impérial; Fouché; l'empereur et Lucien. — Message de Napoléon aux deux chambres; comité secret de la chambre des représentans; séance de la chambre des pairs. — Entrevue de Napoléon et de Benjamin Constant, dans le jardin de l'Elysée. La classe moyenne et les classes ouvrières. Démonstrations populaires. — Réunion, aux Tuileries, des ministres et des membres composant les bureaux des deux chambres, dans la nuit du 21 au 22. Résolutions adoptées.

CHAPITRE II. — *Journée du 22 juin.* Menées de Fouché. — Ouverture de la séance des représentans; dispositions de cette assemblée. — Nouvelle réunion des ministres à l'Elysée; proposition de Lucien; instances des ministres pour une nouvelle abdication; résistance passive de Napoléon. — Menaces de la chambre des représentans; elle exige l'abdication immédiate de l'empereur et consent, sur la demande d'un de ses membres, à lui accorder une heure de délai. — Napoléon, ses frères et ses ministres à l'Elysée; l'empereur signe sa *seconde abdication*; lecture de cet acte à la chambre des représentans; applaudissemens; discours de Fouché; propositions de MM. Dupin et Regnault (de Saint-Jean-d'Angély). La chambre décide la formation d'une commission de gouvernement composée de cinq membres, et nomme Fouché, Carnot et le général Grenier. — Chambre des pairs, séance de jour : alarme jetée dans la chambre par le maréchal Ney; adoption des résolutions prises par les représentans. Séance de nuit: Lucien demande la proclamation de Napoléon II; débats; discours de Labédoyère; tumulte; les pairs passent à l'ordre du jour sur la proposition de Lucien et complètent la commission de gouvernement par la nomination du duc de Vicence et du baron Quinette. — Abandon et solitude de Napoléon à l'Elysée; il y reçoit les députations des deux chambres; ses réponses à MM. Lanjuinais et Lacépède.

CHAPITRE III.—Installation de la commission de gouvernement aux Tuileries, le 23 juin; Fouché, président. — Nouvelles de l'armée : arrivée du maréchal Grouchy et ralliement de toutes les troupes sous les murs de Laon. — Instances auprès de l'empereur pour le retrait de l'abdication; craintes de Fouché; proposition de MM. Defermon et Boulay (de la Meurthe) à la chambre des représentans, pour la proclamation de Napoléon II; débats; la chambre, sur la motion de Manuel, passe à l'ordre du jour. — Position et vues de Fouché. M. de Vitrolles sort de la prison de l'Abbaye; son entrevue avec le duc d'Otrante. Installation d'un centre royaliste, rue Saint-Florentin. — Envoi de M. de Lafayette et de quatre autres plénipotentiaires aux souverains alliés pour demander *la paix*. M. de Lafayette chez Fouché; Benjamin Constant à l'Elysée. L'empereur quitte ce palais et se rend à la Malmaison. — Les Anglais et les Prussiens franchissent la frontière et s'avancent à marches forcées sur Paris. Marche parallèle de l'armée Française. Nos troupes arrivent les premières sous Saint-Denis. — Dépêche de M. de Lafayette et des autres plénipotentiaires au gouvernement provisoire. — Efforts royalistes de M. de Vitrolles: MM. Pasquier, Royer-Collard, Molé, le maréchal Oudinot, le maréchal Grouchy et le général Tromelin. Entrevue de M. de Vitrolles et de Davoust. — Conseil de gouvernement aux Tuileries, le 27; proposition de Davoust, pour le rappel des Bourbons; incidens; nomination de cinq commissaires pour proposer un *armistice* à Blücher et à Wellington. — L'empereur à la Malmaison; sa proclamation à l'armée; ses hésitations; conseil de Caulaincourt; Napoléon veut se rendre aux Etats-Unis; il est mis sous la garde du général Becker. — La commission de gouvernement suspend le départ de Napoléon; nouveaux incidens; passeport délivré à l'empereur; il refuse de partir; il s'y décide. — La Malmaison depuis le 25 juin jusqu'au 29. — L'empereur s'apprête à quitter cette résidence. Les Prussiens attaquent Aubervillers et menacent la Malmaison. Position critique des alliés. Napoléon envoie demander, par le général Becker, le commandement de l'armée, pour un jour; entrevue de ce général avec les membres du gouvernement. La demande est refusée. — Le général Flahaut et le maréchal Davoust. — Adieux de l'empereur, à la Malmaison; départ pour Rochefort.

CHAPITRE IV.—Voyage de l'empereur; il séjourne à Rambouillet; ses espérances. — Projet du général Excelmans pour enlever Napoléon.— L'empereur continue sa route par Chartres, Châteaudun, Tours et Poitiers; incident à Saint-Maixent. Arrivée à Niort; séjour dans cette ville; instances pour retenir Napoléon; il poursuit sa route; son arrivée à Rochefort le 3 juillet. — Conseils d'officiers-généraux de marine; propositions faites à l'empereur pour le transporter aux Etats-Unis; ses incertitudes. — Dépêches du gouvernement provisoire. Napoléon s'embarque le 8 juillet sur la Charente et se rend en rade de l'île d'Aix. — La croisière anglaise; le duc de Rovigo et M. de Las Cases se rendent à bord du *Bellérophon*; entrevue avec le capitaine Maitland. — Proposition du capitaine Poné pour franchir la croisière anglaise. — Nouvelles de Paris: Napoléon débarque à l'île d'Aix; envoi du général Lallemand dans la rivière de Bordeaux; proposition du capitaine Baudin. — Les officiers et les sous-officiers du 14ᵉ régiment de marine en garnison à l'île d'Aix, offrent à l'empereur les moyens de le transporter en Amérique; l'offre est acceptée; préparatifs de départ; Napoléon va s'embarquer; plaintes et opposition de son entourage; le départ est suspendu; l'empereur tient conseil; il se décide à se rendre en Angleterre. — Lettre au prince régent; le général Gourgaud s'embarque pour la remettre. — Nouvelle entrevue entre le duc de Rovigo et M. de Las Cases et le capitaine Maitland. — L'empereur aborde le *Bellérophon*; ses adieux au général Becker. — Arrivée du *Belléroplon* en rade de Torbay. — Napoléon est transbordé sur le *Northumberland*. Incidens.—Protestation de l'empereur. Départ du *Northumberland* pour l'île Sainte-Hélène.

CHAPITRE V.—Louis XVIII après la bataille de Waterloo; efforts de la cour et des ministres pour le renvoi de

M. de Blacas. — M. de Talleyrand. — Départ de Louis XVIII pour Mons; M. de Blacas se retire. — Dépêches du duc de Wellington au roi ; ce dernier entre en France par Bavay ; son séjour au Câteau ; première *déclaration aux Français*. Louis XVIII se rend à Cambray ; seconde *déclaration aux Français* ; il arrive à Roye. — Nouveaux efforts royalistes de M. de Vitrolles à Paris; Fouché lui donne mission de se rendre avec le maréchal Grouchy auprès des généraux alliés. M. de Vitrolles au quartier-général de Davoust à la Villette; arrivée de deux députations des chambres; ouvertures de Davoust en faveur de Louis XVIII ; tumulte. — Trois membres de la commission de gouvernement ordonnent l'arrestation de M. de Vitrolles. Adresse de plusieurs généraux à la chambre des représentans, contre les Bourbons. — Les plénipotentiaires nommés le 27 pour obtenir un *armistice* et le duc de Wellington. Conférences à Etrées et à Louvres. L'armistice est refusé. — Blücher après avoir passé la Seine au pont de Saint-Germain, livré par trahison, s'avance sur Versailles. Le général Excelmans attaque et chasse les Prussiens ; Fouché et Davoust retiennent l'armée française dans ses lignes. Le duc de Wellington passe à son tour sur la rive gauche de la Seine. — Position critique des deux armées alliées. — Conseils de guerre assemblés aux Tuileries, puis à Montrouge ; questions posées ; délibérations. — Plusieurs généraux veulent ôter le commandement en chef à Davoust. Ce dernier fait de nouvelles propositions pour traiter ; le général Ziethen exige que l'armée française se rende prisonnière. Nouvelle démarche de Davoust ; réponse outrageante de Blücher. — Davoust et Fouché s'adressent au duc de Wellington. Conférences à Saint-Cloud. *Seconde capitulation de Paris*. — L'armée française forte de 100,000 hommes et de 300 pièces de canon, traverse Paris pour se rendre à Orléans ; exaspération du peuple et des soldats. — Attitude misérable des deux chambres; un détachement prussien ferme la chambre des pairs ; un autre détachement chasse des Tuileries la commission de gouvernement ; un troisième détachement, composé de gardes nationaux et de Prussiens, ferme la chambre des représentans. — Promenade triomphale des Prussiens à travers Paris.

CHAPITRE VI. — Louis XVIII au château d'Arnouville et à Saint-Denis. Discussions à l'occasion de sa rentrée. Arrangemens ministériels; M. de Talleyrand reste président du conseil; Fouché conserve la police. — Entrée du roi dans Paris. Aspect de cette capitale. — Les Prussiens veulent faire sauter le pont d'Iéna; résistance du roi; intervention d'Alexandre. — L'armée de la Loire fait sa soumission; elle est dissoute. — Convocation des colléges électoraux; quatorze articles de la Charte doivent être revisés par la nouvelle chambre. Réorganisation de la pairie.—Listes de proscription (ordonnance du 24 juillet). — Bombardement de Huningue, siége d'Auxonne, révolte militaire à Strasbourg; fin de la résistance militaire, deux mois après la rentrée des Bourbons. — Occupation de la France par les troupes alliées; excès; contributions de guerre. — Premières conférences pour les traités imposés à la France par les coalisés; leurs exigences. — Chute du ministère Fouché-Talleyrand. — Nouveau cabinet. — Ouverture de la session législative de 1815; premières opérations de la chambre des députés; composition et esprit de cette assemblée. Premières séances de la chambre des pairs; MM. Jules de Polignac et de Labourdonnais refusent de prêter serment à la Charte. — Traités de 1815.

CHAPITRE VII.—Réaction royaliste : *départemens,* massacres à Marseille; premiers massacres de Nismes. — Assassinat du maréchal Brune à Avignon. — Emeute royaliste à Toulouse; le général Ramel est tué. — Nouveaux massacres à Nismes et à Uzès.—Procès et exécution à Bordeaux des deux frères jumeaux Faucher, de la Réole. — *Paris :* arrestation, jugement et exécution du général Labédoyère. — Procès et condamnation du comte Lavalette; il s'échappe de la Conciergerie la veille du jour fixé pour son exécution; son séjour à Paris et son évasion en Belgique. — Arrestation du maréchal Ney; il est renvoyé devant un conseil de guerre; le maréchal Moncey, l'un des juges, refuse de siéger; sa lettre au roi; il est destitué de ses dignités et condamné ministériellement à trois mois de prison. Comparution du maréchal Ney devant le conseil de guerre; ses avocats en déclinent la compétence; le conseil se déclare incompétent; renvoi du maréchal devant la chambre des pairs; son jugement et son exécution. Ses juges et leurs votes. — Murat, d'abord réfugié en Corse, tente un débarquement dans le royaume de Naples; il est arrêté à Pizzo et fusillé.

QUATRIÈME ET CINQUIÈME VOLUMES.

Le *quatrième volume* commence avec l'année 1816; il contient le récit des événemens de Grenoble, des luttes parlementaires et ministérielles, des congrès de souverains ou de diplomates, et des nombreuses conspirations qui remplissent les années 1816, 1817, 1818, 1819 et 1820. Il donne l'histoire des sociétés secrètes françaises, de leurs rapports avec les révolutions d'Espagne, de Naples et de Piémont; raconte la conjuration de la Rochelle, l'insurrection du général Berton, la campagne de 1823, et s'arrête à la mort de Louis XVIII.

Le *cinquième volume* commence avec le règne de Charles X; il en dit tous les événemens, la bataille de Navarin, l'expédition de Morée, celle d'Alger; et l'auteur, après le récit complet des causes qui ont amené les ordonnances du 25 juillet 1830 et des journées qui ont suivi, poursuit son travail jusqu'au moment où les membres de la branche aînée de Bourbon, exilés pour la troisième fois, et remplacés par le chef de la branche cadette, quittent la France et font voile pour l'Angleterre.

Les *deux premiers volumes* sont en vente; le *troisième* est sous presse.

www.ingramcontent.com/pod-product-compliance
Lightning Source LLC
Chambersburg PA
CBHW061016280326
41935CB00009B/989